Incursions pénalistes de privatistes

INCURSIONS PÉNALISTES DE PRIVATISTES

Par

CLOTAIRE MOULOUNGUI (Université ULCO)
KOMLAN ALEMAWO (Université de KARA)
EFRAHIME N'GUESSAN (Université de Tours)

6, square du capitaine Guynemer
59960 Neuville-en-Ferrain
Didactijuris@yahoo.com

ISBN : 978-2-487740-40-2
EAN : 9782487740402

DE CLOTAIRE MOULOUNGUI

Chez le même éditeur

Absentéisme et climat social, Didactijuris, 2024, 388 pages.

Responsabilités et Indemnités en matière d'Absentéisme, Didactijuris, 2024, 230 pages.

La question de la légitimité des absences au travail et ailleurs, Didactijuris, 2024, 314 pages.

Méfaits et Bienfaits de l'Absentéisme, Didactijuris, 2024, 233 pages.

L'absentéisme dans les métiers du care ou du soin, Didactijuris, 2024, 121 pages.

Le sous-effectif dû au personnel, préface Jean-Yves KERBOURC'H, Didactijuris, 2024, 449 pages.

Création ou Gestion d'Entreprises et Droit, préface Denis POHÉ-TOKPA, Didactijuris, 2025, 289 pages.

La Bienfaisance Préjudiciable de l'Employeur, préface Komlan ALEMAWO, Didactijuris, 2025, 163 pages.

L'absentéisme dans les formations, préface Catherine COUTURIER, Didactijuris, 2025, 347 pages.

Chez d'autres éditeurs

Notions fondamentales du droit, L'Harmattan, 2001, 208 pages

La solidarité familiale, L'Harmattan, 2004, 250 pages

Tenues de travail et management des organisations, L'Harmattan, 2006, 212 pages

L'admissibilité du profit dans la subrogation, LGDJ, 1995, 326 pages

Introduction générale au droit, Volume 1, Les principes de création, de diffusion et d'application des règles de droit, Publibook, 2001, 258 pages

Introduction générale au droit, Volume 2, L'acquisition, la preuve et la protection des droits, Publibook, 2004, 258 pages

AVANT-PROPOS

L'Université délivre volontiers le titre de docteur en droit privé et sciences criminelles sans s'inquiéter, pour cette seconde matière, du niveau parfois bas de la plupart des impétrants.

Certes, un docteur est ouvert à l'autoformation, surtout s'il décide de consacrer sa vie professionnelle à dispenser des enseignements. C'est le cas de Kouassi Efrahime N'GUESSAN de l'Université de Tours ; de Komlan ALEMAWO de l'Université de Kara ; et de Clotaire MOULOUNGUI de l'Université de Dunkerque.

Les trois coauteurs se croient, de la sorte, légitimes à offrir cet ouvrage à la collectivité scientifique. Surtout que depuis 2023, et chaque trimestre, ils relisent (avant publication) les travaux de collègues ; y compris en droit pénal et criminologie.

Ils interviennent alors dans le cadre de la Revue GestEcoDroit, dont ils sont respectivement rédacteur en chef (MOULOUNGUI) et rédacteurs en chef adjoints.

SOMMAIRE DE L'OUVRAGE

LA DÉLINQUANCE JUVÉNILE EN FRANCE

Clotaire MOULOUNGUI
Maître de conférences hors classe à l'ULCO (académie de Lille)
Ancien membre du Conseil National des Universités (CNU 01)
Directeur de collection chez DIDACTIJURIS éditeur

Introduction

A. – La rétribution pénale des délinquants en tous genres.

1. – La vie en société serait désagréable et périlleuse si régnait la loi du plus fort. Aussi, pour la sécurité et la paix de chacun, diverses obligations et interdictions s'imposent à tous ; même dans les jeux et les sports. Oui, « *sans respect des règles, sans arbitres et juges indépendants, c'est la loi du plus fort qui l'emporte. Il est temps de réaffirmer l'autorité du droit* » (1).

2. – Certaines des interdictions et obligations alors ainsi édictées par les autorités publiques apparaissent particulièrement essentielles à la collectivité (2). De sorte que le coupable de leur violation s'attendra à divers désagréments (3). Le plus

1) Gérard COUDERT, Sauver l'arbitre, sauver la démocratie, JS 2025, n°263, p.3.

2) Christophe ANDRÉ, Buts poursuivis, intérêts protégés, valeurs sociales défendues en droit pénal : un cabinet des antiques ? RSC 2025. 255.

3) Les peines les plus sévères (qui correspondent aux crimes les plus graves) relèvent des cours d'assises. Les membres de celles-ci (les jurés) sont de simples particuliers (des Français de 23 ans révolus, sans casier judiciaire). Les magistrats de carrière (des juristes) œuvrent dans les instances inférieures de jugement (cour criminelle départementale,

rude de ces désagréments est la privation de liberté, laquelle se dénomme techniquement une réclusion (pour le coupable d'un crime) et un emprisonnement (pour l'auteur d'un délit). Par abus de langage, le second terme est trop souvent préféré ; y compris dans cette publication.

3. – Sont en outre encourues (par les coupables) des condamnations patrimoniales, comme la confiscation de biens ou les amendes, au profit du Trésor public, ainsi que les dommages-intérêts au profit de la victime de l'infraction. Pire, il se rajoute, plus ou moins automatiquement, des interdictions professionnelles, civiques, civiles, ou de famille (4). À certains observateurs, un tel acharnement pénal semble excessif ; par exemple en matière de mendicité (5).

4. – En vérité, une juridiction pénale de jugement ne se confond nullement avec un vulgaire D.A.P., c'est-à-dire un distributeur automatique de peines. En effet, les juges disposent d'un pouvoir d'appréciation. Même si la loi pénale est d'interprétation stricte (6). Concrètement, les juges combinent divers critères en vue de la qualification des faits, puis pour le choix de la peine idoine. Déjà, le même fait passera de la simple qualification de violences à celle d'homicide, selon sa

---

tribunal correctionnel), ainsi que dans les juridictions d'instruction (juge d'instruction, chambre de l'instruction de la cour d'appel).

4) Georges VERMELLE, Non-cumul d'une peine d'emprisonnement et d'une interdiction professionnelle, RSC 2004. 873 ; Bernard BOULOC, Durée de l'interdiction des droits civiques, civils ou de famille et de l'interdiction de séjour, RSC 1996. 117 ; Caroline FLEURIOT, Contrôle judiciaire et interdictions professionnelles, D.A. 22 mars 2012.

5) Pendant des siècles la France aura pourchassé ses vagabonds et ses mendiants, avant de songer finalement à leur fournir des aides institutionnelles. Ce n'est pas encore le cas dans tous les pays. Cf. Catherine BERLAUD, Sévérité de la loi pénale suisse qui punit la mendicité en question, Gaz. Pal. 16 févr. 2021, n° 396f8, p. 43.

6) Hubert CHARLES, Interprétation stricte de la loi pénale, D. 2000. 307.

conséquence ultime. C'est dire que la gravité du préjudice pénal implique une sanction plus sévère (7).

5. – Dans nombre de cas, la sanction normale se trouve aggravée par le Code pénal. Par exemple lorsque la victime était membre de la famille du coupable (8). Mais dans ce cadre-là, si le viol sur sa propre conjointe est davantage puni que celui sur une étrangère à la famille, en revanche l'accaparement de (simples) valeurs au détriment de cette conjointe se conclura en général par une immunité pénale (9). Après tout, la solidarité familiale consiste habituellement à protéger les siens ou à partager leurs avantages et déboires (10). Encore que (du point de vue civil) le remboursement des valeurs en question restera dû par le parent voleur, escroc, extorqueur ou maître chanteur.

6. – Par ailleurs, la personnalité même de l'individu poursuivi conduit à la modération ou à l'aggravation de sa peine. Chacun se doute que le récidiviste endure toujours davantage que le primo-délinquant (11). Le problème néanmoins est que toutes ces distinctions sur les faits délictueux et sur les

---

7) Paul CAZALBOU, Retour critique sur le principe d'unicité de qualification des faits en droit pénal, RSC 2018. 387 ; Eudoxie GALLARDO, La qualification pénale des faits, RSC 2013. 986.

8) Vincent EGÉA, De quelques notions clefs du droit de la famille au prisme du droit pénal, RTD civ. 2025. 313 ; Massil BENBOURICHE, Frédérique LE DOUJET-THOMAS et Christine DESNOYER, Les violences sexuelles dans la famille : quel traitement juridique ? AJ pénal 2020. 272.

9) Pierre MOUSSERON, Les immunités familiales, RSC 1998. 291.

10) Clotaire MOULOUNGUI, La solidarité familiale, L'Harmattan, 2004, 309 pages.

11) Véronique TELLIER-CAYROL, La récidive : de quelques paradoxes et incohérences, AJ pénal 2012. 64.

personnes poursuivies obscurcissent nettement la compréhension du droit aux populations (12).

7. – Surtout que des garanties sont reconnues aux accusés (de crimes) et aux prévenus (de délits). Tant que la personne poursuivie n'est pas encore définitivement condamnée, elle bénéficie d'une présomption d'innocence. Dans ces conditions, il revient au ministère public (l'auteur des poursuites) de rapporter (aux juges indépendants) la preuve de la culpabilité de l'accusé ou du prévenu. En d'autres termes, la condamnation pénale ne saurait résulter de la seule émission de soupçons et, sans doute non plus, de l'invocation d'un faisceau d'indices (13).

8. – C'est ainsi que des années de recherche et des moyens conséquents sont-ils investis par la collectivité en vue d'aider à la manifestation de la vérité (14). À l'évidence, bien révolue est l'époque où, grâce à la torture ou à des mauvais traitements, des aveux complets s'obtenaient impunément de l'individu soupçonné (15). Encore que les jeunes générations se filment volontiers lors des exactions qu'ils commettent, puis se dénoncent quasiment en diffusant le film probatoire sur leurs réseaux sociaux. Il convient aussi de noter qu'aux USA

---

12) Hervé MOYSAN, L'accessibilité et l'intelligibilité de la loi, AJDA 2001. 428 ; Marc GUERRINI, L'accessibilité et l'intelligibilité de la loi, Droit social 2024. 110.

13) Antoine BLOCH, Au procès du « financement libyen » : « Le faisceau d'indices est une preuve comme une autre », D.A. 28 mars 2025.

14) Comme exemples : l'affaire de noyade du petit Grégory dans la Vologne et le naufrage du chalutier bugaled breizh au large des côtes britanniques.

15) Audrey DARSONVILLE, L'affaire Mis et Thiennot et la révision des condamnations pénales, AJ pénal 2023. 9.

« *les dérives dans la recherche de la preuve* » demeurent inquiétantes (16).

9. – Aujourd'hui, en France, outre qu'un médecin et un avocat participeront à la préservation de l'intégrité physique de la personne mise en cause (en garde à vue), de plus celle-ci jouit d'un droit au silence (17) ; d'un droit de ne pas s'auto-incriminer (18). Cependant, de telles protections et garanties exaspèrent les victimes et les commentateurs des faits divers (19). Apparemment, peu leur importe que l'accusé ou le prévenu ne soit pas encore un adulte.

B. – La protection de l'enfant lors de la chasse au crime.

12. – La magnanimité du Code pénal et du Code de procédure pénale joue plus encore en faveur des mineurs ; les mineurs d'âge bien sûr (20). Une minorité qui s'arrête à 18 ans et fait alors place à la pleine responsabilité civile. Néanmoins, en matière pénale, une sorte d'émancipation juridique pèse sur le jeune dès ses 16 ans ; voire à partir de 13 ans. Avant cet âge,

---

16) Marie-Sophie BAUD, La manifestation de la vérité dans le procès pénal : une étude comparée entre la France et les États-Unis, Th. LGDJ, 2022.

17) Antoine BOTTON, Limites de l'exigence de notification du droit de se taire, RSC 2025. 425.

18) Pierre-Jérôme DELAGE, I - Principes directeurs de la procédure pénale, Le droit de ne pas contribuer à sa propre incrimination, source d'un aménagement de la charge de la preuve de la qualité à agir en nullité, RSC 2025. 101. Dominique BERLIN, Droit à la non-auto-incrimination et obligation de coopération à l'enquête : l'équilibre délicat, La Semaine Juridique Edition Générale n° 10, 8 mars 2021, act. 267.

19) Anne PORTMANN, Présence de l'avocat en garde à vue : pas d'exception systématique en matière de terrorisme, D.A. 18 octobre 2013 ; Patrick CHARIOT, L'intervention du médecin en garde à vue, AJ pénal 2004. 279.

20) Il existe désormais un Code de la justice pénale des mineurs.

aucune sanction pénale n'est à craindre par le petit. Même si une auteure avait cru pouvoir écrire (en 2007) qu'une « *frénésie répressive touche particulièrement les mineurs* » (21).

13. – Au fond, tout est question de discernement. C'est-à-dire, d'une part, la capacité de comprendre et vouloir l'acte délictueux en cause ; d'autre part, l'aptitude à comprendre la procédure pénale engagée (22). Selon la lettre même de la loi : « *Les mineurs de moins de treize ans sont présumés ne pas être capables de discernement. Les mineurs âgés d'au moins treize ans sont présumés être capables de discernement* » (23). Cette distinction protectrice des jeunes contredit l'excessive crainte d'un manque d'empathie ou d'humanité envers eux (24).

14. – Autrefois, la réaction pénale était d'une particulière rigueur à l'encontre des jeunes délinquants aussi. Il suffit en effet de songer à : « *Mettray, Aniane, Belle-Ile-en-Mer ... Ces noms évoquent une période particulièrement sombre de l'histoire pénitentiaire. Au sein de ces colonies, enfants et adolescents ont été soumis, pendant un siècle, à un traitement souvent violent, mêlant travail harassant, sévices et privations. Ces « bagnes pour enfants », très critiqués mais jamais vraiment réformés, disparaissent en 1945, date qui marque un changement complet de paradigme pour la prise en charge de la délinquance juvénile* » (25).

---

21) L'opinion inverse aura déjà été rapportée en 2007 ; une époque où l'on aura pensé que : « *La réponse pénale devrait s'accélérer sous l'effet d'une nouvelle procédure de présentation immédiate devant la juridiction pour mineur* » (Virginie GAUTRON, La fin de la singularité du modèle français de prévention de la délinquance, AJ pénal 2007. 205).

22) Code de la justice pénale des mineurs, article L11-1, alinéa 1.

23) Code de la justice pénale des mineurs, article L11-1, alinéa 2.

24) Sophie Diehl, Un enfant en conflit avec la loi est un enfant qui relève de la protection de l'enfance, AJ pénal 2025. 223.

25) https://www.enap.justice.fr/histoire/colonies-penitentiaires-pour-mineurs.

15. – Le problème est que presque tous les vieux (dans le monde) trouvent la jeunesse comme étant ignorante, ingrate et violente. C'est vrai que les blessures physiques ou psychologiques vécues durant les âges avancés de la vie proviennent d'individus forts et insouciants (c'est-à-dire de jeunes gens). Encore que dans quelques contrées lointaines les cheveux blancs témoignent encore d'une sagesse appelant solidarité familiale et crainte révérencielle (26).

16. – En revanche, et à croire des chercheurs canadiens, le doute ne serait point permis « *dans la plupart des pays occidentaux qui sont aux prises avec une panique morale au sujet du comportement de leur population juvénile* » (27). D'ailleurs, indique une auteure argentine (et sa traductrice) : « *Quand on parle d'insécurité et de délinquance, les adolescents et les jeunes sont pointés du doigt et désignés comme les archétypes du danger en la matière* » (28).

17. – Par ailleurs, des spécialistes autoproclamés de la délinquance juvénile avaient prophétisé (pour les années 2000) une démultiplication de jeunes délinquants "*super-prédateurs*" (29). Ce qui (Dieu merci) ne sera jamais arrivé chez nous ; ou pas encore ! Il n'empêche que la France aura hésité à faire revenir sur son territoire les enfants de ses

---

26) Youssef GUENZOUI, La crainte révérencielle, D. 2010. 984 ; Georges LEVASSEUR, Viol d'un mineur par son père, RSC 1993. 781.

27) Stéphane LEMAN-LANGLOIS, Doob et Carla CESARONI, Responding to Youth Crime in Canada, RSC 2005. 445.

28) Silvia GUEMUREMAN et Maryse ESTERLE, La délinquance juvénile et son traitement judiciaire en Argentine, RSC 2014. 227. Il s'agit d'un pays autrefois puissant, mais désormais redescendu dans le groupe du tiers monde. Son opinion publique (abreuvé par les médias et les réseaux sociaux) redoute l'insécurité consécutive à la délinquance des jeunes.

29) Stéphane LEMAN-LANGLOIS, Doob et Carla CESARONI, préc.

nationaux djihadistes partis en Syrie (30). Elle aura anticipé la dangerosité de ces enfants (*"futures bombes humaines"*) à l'instar de leurs géniteurs, terroristes indifférents au bien-être et à la vie d'autrui (31).

18. – Cela étant, compte tenu de diverses excuses, l'accusé ou le prévenu échappe parfois à la peine prévue. Toutefois, cette possible exonération pénale ne neutralise pas systématiquement le droit pour la partie civile (la victime) de réclamer des dommages-intérêts (32). Dans ces conditions, le mineur en assumera éventuellement (33). Sachant qu'il pourrait être riche et assuré, tandis qu'au contraire sa victime manquerait de pareilles protections patrimoniales (34).

19. – Comment donc réagir (ou de quelle façon procéder peut-être à l'avance) pour préserver la société des méfaits des mineurs ? D'ailleurs, quels sont-ils exactement ? Sans doute un panorama, même bref, de leurs sombres exploits se conçoit-il pour commencer (Section 1). Puis viendra la constatation de l'impuissance des adultes, lesquels se perdent trop souvent en

---

30) Florence MERLOZ, La question inédite du rapatriement des familles françaises de djihadistes devant la CEDH, D.A. octobre 2021 ; Julie Alix, Radicalisation et droit pénal, RSC 2020. 769.

31) https://www.huffingtonpost.fr/international/article/ces-enfants-soldats-enroles-par-daech-appeles-bombes-a-retardement-je-les-ai-rencontres_150300.html. https://www.diplomatie.gouv.fr/fr/dossiers-pays/syrie/evenements/actualites-2022/article/rapatriement-d-enfants-et-de-meres-du-nord-est-syrien-05-07-22.

32) « *Compatible avec l'obligation de réparation, la folie ne l'est plus avec la sanction, elle appelle le traitement, non le jugement* » (Catherine SEVELY, Réflexions sur l'inhumain et le droit, RSC 2005. 483).

33) Code civil, art. 414-3, anc. 489-2, transféré en 2007. Il y a bientôt une cinquantaine d'années que cette idée aura été admise lors du mandat présidentiel de Valéry GISCARD D'ESTAING.

34) Hobinavalona RAMPARANY et Anne SCATTOLIN, Quelques réflexions sur l'assurabilité des sanctions pécuniaires relevant de la matière pénale, RGDA nov. 2023, n° RGA201p1.

disputes stériles sur la réaction aux agissements des jeunes (Section 2).

Section 1. – Le panorama de la délinquance juvénile

21. – Tout Code pénal comporte une sorte d'inventaire des infractions possibles et des sanctions inhérentes (35). Les infractions ainsi envisagées ne sont pas seulement perpétrées par des adultes, mais également par des mineurs (§ 1). Ces deux variétés d'auteurs ne se distinguent néanmoins quant à la peine à subir (§ 2).

§ 1. – Les méfaits infractionnels des mineurs

22. – Le commun des mortels se figure volontiers que le crime suppose un mort et/ou une effusion de sang. Ce qui est absolument faux ; encore que tous les crimes ne se vaillent point (36). En revanche, tout à fait exacte apparait l'intuition selon laquelle le potentiel criminogène des jeunes n'aurait rien à envier à celui des adultes.

23. – Car ils peuvent bel et bien être auteur de coups et/ou de blessures, lesquels se révèleront parfois mortels (A.). Un méfait plus sournois leur est même familier : le mensonge. Celui-ci représente un délit punissable au regard de ses ravages (B.).

---

35) Il se trouve au moins un chapitre qui « *connaît un inventaire d'infractions à la Prévert, la poésie en moins* » (François FOURMENT, Répertoire de droit pénal et de procédure pénale, Faux témoignage, MAJ 2014.

36) Par exemple : « *les peines encourues au titre du viol révèlent, en elles-mêmes et en comparaison des autres crimes du code pénal, qu'il est encore considéré comme un (trop) petit crime* » (Aurélie CAPPELLO, Le viol, un trop petit crime, D. 2025. 842).

A. – Une violence infantile quelquefois source de mort

24. – Les infractions commises par les enfants manifestent parfois une grande dose de méchanceté. Cependant, certaines autres relèvent davantage de la pure bêtise.

1. – La persistance de la méchanceté des enfants.

25. – À croire Jean-Jacques ROUSSEAU, « *l'homme est naturellement bon* ». Ce serait en effet la société qui le corromprait en le forçant (en l'ayant forcé) à sortir de l'état de nature (37). Néanmoins, une soixantaine d'années auparavant, John LOCKE, un auteur anglais majeur en droit public (et surtout en science politique), avait proclamé que « *l'enfant martyrise les animaux, le plus souvent, sans se douter qu'il leur fait du mal. Il torture un chat comme il éventre sa poupée, pour exercer son besoin d'activité et pour satisfaire sa curiosité* » (38).

26. – À n'en pas douter, l'enfance représente une période de la vie pleine de comportements impétueux et impitoyables. Par exemple, le tiers des viols subis par les mineurs sont commis par d'autres mineurs, souvent de plus de 16 ans (39). Or cette cruauté infantile n'est pas seulement de notre temps.

27. – Effectivement, indique un auteur : « *[...] la délinquance des (très) jeunes puise dans le répertoire [...] bien connu des historiens des faits divers et des meurtres inclassables. L'historien Denis Crouzet rapporte ainsi le rôle des enfants-bourreaux, au XVIIe siècle, qui s'amusaient à saccager les*

---

37) Jean-Jacques ROUSSEAU, Discours sur l'origine et les fondements de l'inégalité parmi les hommes, 1755.

38) John LOCKE, Quelques pensées sur l'éducation, 1693. Ce philosophe est mort riche (à 72 ans, en 1704) grâce à sa participation active à la traite négrière.

39) Selon Infostat Justice, n° 160.

cadavres des ennemis huguenots [protestants] pendant les guerres de religion. Plus près de nous, les exemples ne manquent pas de violences commises par ces criminels tout juste pubères, mais souvent ignorants ou inconscients de la gravité de leurs gestes » (40).

28. – L'on aura atteint le paroxysme de l'horreur au Royaume-Uni de la part de deux jeunes de 10 ans. Car alors qu'ils déambulaient (en situation d'école buissonnière) dans un centre commercial, ils enlevèrent un garçonnet de deux ans (le 12 février 1993). Non pas en vue d'une rançon, mais pour le violenter. Ils le frappèrent jusqu'au sang et le laissèrent pour mort (à moins de trois kilomètres de là), près d'une ligne de chemin de fer.

29. – La question s'est alors posée de savoir s'il fallait les juger malgré leur jeune âge (41). En France, les options de l'alternative sont plus exactement la punition et l'éducation (la rééducation) ; tout au moins dorénavant (42). Et les occasions de se poser cette question ne manquent pas.

30. – L'on sait qu'il y a quelque temps une enquête pour assassinat aura été diligentée par le procureur de la République de Pontoise. La raison est qu'une collégienne de 14 ans (ALISHA) avaient été noyée par deux autres jeunes, seulement âgés d'une année de plus, et amoureux. Comme la victime, ils habitaient Argenteuil dans le Val-d'Oise. Ils

---

40) David PARGAMIN, L'enfance, un âge sans pitié ?, Philosophie Magazine, 12 mars 2021. Rappelons aux lecteurs oublieux que les Huguenots signifiaient les protestants, une minorité confrontée à une majorité catholique.

41) La CEDH a considéré que cet âge n'était pas trop bas pour un procès pénal (François TOURET DE COUCY, Enfance délinquante, in Répertoire de droit pénal et de procédure pénale, 2005, n° 53).

42) https://www.enap.justice.fr/histoire/colonies-penitentiaires-pour-mineurs).

fréquentaient le même établissement de Cognacq-Jay ; un établissement (pourtant) privé (43).

31. – C'est en tous cas l'occasion de préciser que la colère incontrôlée des jeunes est un facteur important du passage à l'acte. Oui, « *une grande partie des homicides commis par des mineurs en France résultent d'altercations (40 %)* » (44). Leurs autres agissements fâcheux sont souvent plus bêtes que méchants (45).

2. – Les jeux bêtes et méchants des adolescents.

33. – De grands adolescents pratiquent sadiquement des jeux dangereux pour autrui. Par exemple, de leur voiture en marche, certains d'entre eux avaient happé le bras d'un passant, lequel aura finalement dû courir afin de pas tomber (46). D'autres encore giflent subitement un piéton ou un individu en attente de son transport en commun, et (ils) s'enfuient aussitôt. Hélas, il sera même arrivé qu'ils s'acharnent sur un handicapé (47). Or l'entourage adulte ne donne pas forcément le bon exemple (48).

---

43) https://www.lefigaro.fr/actualite-france/je-voulais-de-la-rigueur-et-de-la-discipline-ces-adeptes-du-public-qui-se-tournent-vers-le-prive-20240119.

44) Aurélien LANGLADE, Keltoume LARCHET et Sahana RATTINAM, Les homicides commis par des mineurs : cadres explicatifs et enjeux criminologiques, AJ pénal 2025. 224.

45) Félix ROME, Plus bête que méchant... – D. 2011. 2193 ; Félix ROME, Bête mais pas méchant... D. 2014. 265.

46) https://www.lematin.ch/story/arretes-pour-avoir-traine-des-pietons-tout-en-roulant-584008236961; https://www.leparisien.fr/seine-saint-denis-93/noisy-le-sec-un-automobiliste-soupconne-de-trainer-des-pietons-sur-plusieurs-metres-place-en-garde-a-vue-10-01-2022-DTTF2HIJPFBJVIFBIBPDLVXJWM.php.

47) « *Les personnes handicapées sont plus souvent victimes de violences physiques, sexuelles et verbales. [...]. Les victimes en situation de handicap sont deux fois plus souvent agressées chez elles ou à proximité de leur domicile et connaissent plus fréquemment leur agresseur* » (Éva Baradji

34. – À n'en pas douter, les amusements juvéniles sont bruyants et/ou exaspérants pour les honnêtes gens désireux de prendre un peu de repos. De sorte que ces derniers (excédés) en viennent parfois à commettre l'irréparable. L'on a pu lire dans le journal que : « *Haute-Garonne : excédé par le bruit, il sort de sa maison armé d'un fusil et menace des jeunes* » (49) ; ou bien : « *La Rochelle : gêné par des bruits de moteurs, il tire avec sa carabine dans le quartier de Mireuil* » (50)

35. – La douceur enfantine et/ou féminine apparaît comme un vieux cliché. En pratique, le rajeunissement des auteurs d'infractions le dispute à leur féminisation (51). Un colloque parisien de mars 2025 en porte témoignage (52). L'on sait également que dans L'AFFAIRE ILAN HALIMI, un boutiquier de téléphonie mobile avait été séduit par une fille servant d'appât ; en vue du rapt de ce petit commerçant dont les parents (fantasmés comme richissimes) verseraient alors une rançon aux ravisseurs particulièrement bêtes et méchants (53). Un profil d'ailleurs susceptible de revêtir un mensonge éhonté.

(DREES) et Olivier Filatriau (SSMSI), https://drees.solidarites-sante.gouv.fr/sites/default/files/2020-10/er1156.pdf).

48) https://www.charentelibre.fr/2021/05/21/giflee-parce-qu-elle-allaite-dans-une-file-d-attente-video,3746077.php?nic.

49) Rémi BUHAGIAR, https://www.ladepeche.fr/2021/03/01/haute-garonne-excede-par-le-bruit-il-sort-de-sa-maison-arme-dun-fusil-et-menace-des-jeunes-9401662.php).

50) Marine PROTAIS, https://www.francebleu.fr/infos/faits-divers-justice/la-rochelle-gene-par-des-bruits-de-moteur-il-tire-avec-sa-carabine-dans-le-quartier-de-mireuil-1568739236).

51) https://www.radiofrance.fr/franceinter/podcasts/l-info-de-france-inter/l-info-de-france-inter-1388615.

52) https://www.assas-universite.fr/fr/evenements/femme-criminelle.

53) Marine BABONNEAU, Procès de Youssouf Fofana : la « terreur » et le silence, D.A. 11 janvier.

B. – Les tourments dus aux mensonges des mineurs.

38. – Le statut de la parole de l'enfant a récemment connu une évolution parfois critiquée. Car cette parole pourrait receler un mensonge dont la victime peinera à obtenir réparation.

1. – La sacralisation de la parole de l'enfant.

39. – Les jeunes délinquants n'usent pas seulement de la force physique contre les personnes ou contre les biens. Effectivement, ils recourent parfois à la ruse ou à la malice. Or leurs mensonges (leurs calomnies) emportent potentiellement des conséquences ravageuses au préjudice d'autrui. De fait, le mensonge, même bénin, peut devenir le point de départ d'un engrenage fatal. L'on sait qu'un professeur de collège (Samuel PATY) avait été décapité en pleine rue avec la complicité d'élèves. Plus exactement, le point de départ de l'affaire aura été l'invention d'une fable par une collégienne désireuse de cacher ses absences scolaires à sa famille (54).

40. – Heureusement que le mensonge des jeunes n'aboutit pas forcément à la mort d'autrui. Certes, les morts ne souffrent normalement pas ; au contraire des individus devant surmonter l'affabulation peut-être source d'une durable suspicion quant aux mœurs de l'intéressé. C'est le moment de se rappeler ces vers du poète : « *Un mot, un geste, un rien// peuvent blesser une âme// étincelle en suspens d'où jaillira la flamme// graine jeter dans un champ toujours fécond* » (55).

---

54) Julie GALLOIS, Délit de risque causé à une personne dépositaire de l'autorité publique par diffusion d'information : précision sur l'action civile, D.A. 14 mars 2025.

55) De cette poésie, apprise à l'école primaire, aussi bien le titre que l'auteur m'échappent désormais. Ma recherche à ce propos sera restée vaine.

41. – À croire le livre le plus imprimé du monde, son principal prophète (J.C.) demandait qu'on laissât venir les enfants à lui ; ajoutant que la vérité sortait de leur bouche. Pourtant des milliers de générations seront (quand même) restées dubitatives ; car persuadées à l'inverse de la capacité infantile d'affabulation. Nul n'ignore qu'au quotidien, il arrive qu'un garnement nie avoir mangé une confiture qui pourtant dégoulinerait encore de ses doigts (56). Par conséquent, la parole des enfants étaient sujet à caution ; avant de devenir sacrée aujourd'hui.

42. – La sacralisation de la parole de l'enfant est une évolution qui, désormais, permet d'identifier et de punir les monstruosités dont ils sont parfois victimes. Néanmoins, le mouvement de balancier survenu détruit quelquefois la vie d'honorables adultes injustement accusés d'abominations à connotation sexuelle (57).

43. – Par exemple, au milieu de l'année 2000, un enfant avait prétendu que son grand-père (maire de Vence) l'avait violé. Naturellement, l'affaire aura alors divisé leur famille (IACONO) entre les sceptiques et les convaincus. Toutefois, onze années après l'affirmation calomnieuse, et après une condamnation de cour d'appel, la pseudo-victime (20 ans désormais) sera revenue sur ses accusations. C'est de la sorte

---

56) Les adultes ne sont pas davantage prompts à l'aveu. Ainsi cette histoire Cahuzac : « *le chevalier blanc de la lutte contre l'évasion fiscale qui se fait prendre les doigts dans le pot de confiture* » (Félix ROME, Sources profondes, D. 2012. 2881).

57) Thomas GIRAUD, Le chantier de la lutte contre les violences sexuelles est engagé, JA 2022, n°668, p.7.

qu'en 2015 le grand-père (Christian IACONO) aura enfin été jugé victime d'une erreur judiciaire (58).

44. – Faudrait-il donc accueillir les accusations portées par les enfants avec davantage de circonspection ? L'on peut raisonnablement hésiter. Même si, d'après un auteur (procureur de la République à l'époque), les « *accusations mensongères se dégonflent dès les premières heures d'enquête* », et que « *selon des statistiques policières les cas d'affabulation sont rarissimes et ne représentent qu'environ 2 %* » (59).

45. – Trop souvent, les individus font ou disent des choses « *rien que pour rire* » ; rire de soi-même (autodérision) ou bien d'autrui (moquerie). Mais la victime involontaire d'une telle irritable manigance caressera alors l'idée de réagir ; peut-être nullement de façon pacifique, par une plainte en justice. D'ailleurs s'entendre à l'amiable, lorsque cela n'est pas interdit, est toujours préférable. En effet : « *Un mauvais arrangement vaut mieux qu'un bon procès* » (60).

46. – Bref, le statut de l'intéressé pourrait changer, passant de celui de victime à celui d'accusé ou de prévenu d'une infraction. Toutefois, l'invocation bien fondée de l'excuse de

---

58) https://madelen.ina.fr/content/le-mensonge-tragique-dun-petit-fils-96381?locale=fr ; https://www.france.tv/france-2/affaires-sensibles/5301099-le-mensonge-tragique-d-un-petit-fils.html#about-section.

59) Thierry CRETIN, La preuve impossible ? RSC 1992. 53.

60) Parce que les deux protagonistes auront discuté et seront parvenus à un accord, ils ne repartiront pas fâchés et ennemis. Le second avantage est la discrétion de la solution ; car la justice est rendue en audiences publiques ouvertes à tous ; sauf dans certaines matières comme la justice des mineurs. Autres avantages du règlement amiable du conflit, l'économie des frais de justice d'une part, et d'autre part la rapidité de la solution. En effet, l'on aura évité la juridiction publique surchargée, ainsi que les demandes de délais.

provocation lui évitera les rigueurs de la loi pénale dans une large mesure (61). Encore faut-il trouver un intérêt à entreprendre un recours ; sachant que la solution finale appartiendra toujours à un tiers certes indépendant, le juge.

2. – Les enjeux du recours contre le petit calomniateur.

49. – Quand la dénonciation calomnieuse a fait des victimes (certainement situées dans cette marge d'erreur de 2 %) celles-ci bénéficient du droit de poursuivre la partie civile dont les accusations se seront ainsi révélées fausses (62). Les jeunes coupables ne s'en tirent donc pas toujours impunément.

50. – Cela dit, même lorsque (peut-être après des années) les enfants affabulateurs reviennent sur leurs accusations (en vue de dédouaner l'adulte condamné à tort), la victime du mensonge ne s'en relève pas toujours. Car en dépit de l'apparente réhabilitation judiciaire cette personne traînera la douleur de la perte de sa respectabilité, de sa santé et de ses perspectives patrimoniales (63). En pratique d'ailleurs, les médias ne l'auront pas ménagé, préjugeant imprudemment de sa culpabilité.

---

61) Sabrina LAVRIC, Injure à l'audience : immunité judiciaire et excuse de provocation, D.A. 16 avril 2015.

62) Code pénal, article 226-10.

63) Le peuple se répète à l'envie qu'il y a pas de fumée sans feu. L'intéressé souffrira donc toujours d'un soupçon ; sa réputation sera sulfureuse.

51. – Toutefois, la victime avérée du mineur ne songera (avec des chances certaine de succès) qu'à la réparation civile (64). Mieux, une indemnisation lui sera sûrement due par la collectivité. Il suffira à cette victime (adulte ou mineure) de se prévaloir : soit d'un classement sans suite ; soit d'un non-lieu ; soit d'une relaxe ; soit encore d'un acquittement.

52. – Rappelons que l'innocence peut éclater avant, pendant ou après le procès. Quand c'est avant, il y aura eu un classement sans suite du procureur de la République ou un non-lieu du juge d'instruction. Ensuite, quand c'est lors du jugement par le tribunal correctionnel, l'on parlera de relaxe ; mais il s'agira d'un acquittement, de la part d'une cour criminel. Enfin, l'innocence pourrait encore découler d'un rabat de l'arrêt punitif, ou bien d'une révision du procès de condamnation (65).

53. – Au fond, peu importe que la victime n'ait pas subi de détention, serait-ce une détention provisoire. La raison est que cette personne en l'occurrence vilipendée aura quand même souffert d'une infraction (du mineur) ; et pas d'une erreur judiciaire (de la part de l'État). Ici, le problème est toutefois que « *la souffrance psychologique n'est pas indemnisée indépendamment du préjudice strictement corporel* » (66).

---

64) Plus généralement, le recours pénal pour des propos suppose leur qualification en : une dénonciation calomnieuse ; un faux témoignage ; une injure ; une diffamation. Ainsi, « *l'atteinte à la présomption d'innocence n'est pas, en elle-même, une infraction pénale* » (François-Louis Coste, Statut de la parole et présomption d'innocence, AJ pénal 2004. 402).

65) CONSEIL D'ÉTAT, 6 octobre 2008 (n° 309766), Non-lieu et acquittement n'ont pas le même sens face à une contravention de grande voirie, AJDA 2008. 2467

66) Béatrice PENAUD, L'inégalité des victimes devant la Commission d'indemnisation des victimes d'infractions (CIVI), Gaz. Pal. 10 août 2000,

54. – Pire, déplore la CNIL, les autorités judiciaires (les parquetiers) n'avertissent pas vite et systématiquement le service gestionnaire du fichier de traitement des antécédents judiciaires de « *l'ensemble des relaxes, acquittements, non-lieux et classements sans suite* » (67). Or c'est de toute évidence une défaillance administrative pesant défavorablement sur « *la conclusion d'enquêtes administratives préalables à l'exercice d'une profession ou à l'admission à se présenter à un concours de la fonction publique* » (68). Malgré son innocence, la victime perdra donc éventuellement des opportunités professionnelles.

55. – La victime (adulte ou mineure) d'une pénible affabulation pourrait songer à une vengeance, à une rétorsion, à un recours. Mais l'enfant calomniateur échappera probablement à la sanction pénale du fait de l'excuse de minorité et/ou du délai de prescription des poursuites (69). Certes, peut-être son remords, voire son repentir, de même que la réprobation sociale, constitueront-ils l'éternelle sanction de ce jeune menteur (70).

56. – De toute façon, la personne finalement innocentée paraîtra ingrate en répondant par des procès à l'enfant désormais

---

p. 2. L'auteur dénonce d'autres incohérences législatives relatives aux biens. Par exemple : « *Comment comprendre qu'un vol de sac puisse être indemnisé par la CIVI alors que la destruction de domicile par incendie volontaire ne le soit pas ?* ».

67) CNIL, Délibération SAN-2024-017 du 17 octobre 2024.

68) Gabriel THIERRY, Pourquoi le fichier de traitement des antécédents judiciaires suscite toujours des critiques, D.A. 13 novembre 2024.

69) Bernard BOULOC, Regard sur la prescription pénale, AJ pénal 2016. 294.

70) « *À l'inverse du remords, le repentir offre la possibilité de guérir sa propre âme. Là où le coupable sujet au remords s'accable du mal, le repentir le combat. C'est en cela qu'il se comporte en juge* » (Laura VIAUT, La croisée des savoirs - L'aveu dans la procédure pénale, Les cahiers de la justice 2021. 151).

conscient de ses responsabilités envers autrui. Encore qu'une maîtresse de conférences en droit développe un raisonnement différent. D'après elle en effet : « *Mettre en cause pénalement un mineur pour des faits tels que ceux relevant du cas d'espèce - dénonciation mensongère de tentative d'attouchements sexuels - peut sembler démesuré à première vue. Mais ce serait oublier l'essence même du droit pénal des mineurs : rééduquer plutôt que condamner* » (71).

57. – C'est ainsi que, se fondant sur l'article 85 du Code de procédure pénale, la Cour de cassation (chambre criminelle) aura rappelé que « *toute personne qui se prétend lésée par un crime ou un délit commis par un mineur peut, en portant plainte, se constituer partie civile devant le juge d'instruction compétent* » (72).

58. – Dans l'espèce ci-dessus, l'affabulatrice de 13 ans avait bénéficié (à tort) de la magnanimité de la chaîne pénale (procureur de la République, tribunal et cour d'appel). Or, dans les cas de divorces particulièrement conflictuels, l'instrumentalisation de l'enfant sert parfois d'arme fatale contre le conjoint (73). Mais au total, le faible âge du

---

71) Jocelyne CASTAIGNÈDE, La constitution de partie civile devant le juge d'instruction de la victime d'un mineur, D. 2000. 824.

72) CASS. CRIM., 19 octobre 1999, 98-87.630, Bull. crim., n° 221. En l'espèce, une mineure de 13 ans avait prétendu avoir été victime d'attouchements, avant de se rétracter. La victime de cette dénonciation calomnieuse aura alors porté plainte avec constitution de partie civile. Mais le procureur cru opportun de classer l'affaire. Et la cour d'appel lui aura donné raison. Mais à tort, puisque son arrêt aura été cassé.

73) « *Le fait pour un père de baigner son enfant en touchant son sexe en le lavant est-il un attouchement pédophile incestueux, une violence sexuelle incestueuse, comme on le voit quelquefois invoqué dans des procédures de divorce ?* » (Christine LAZERGES, Politique criminelle et droit de la pédophilie, RSC 2010. 725) ; Mireille LASBATS, Enfants soumis aux conflits de loyauté : séquelles traumatiques, AJ fam. 2016. 381.

calomniateur apparaît indifférent. Oui, une réplique pénale s'envisage contre le mineur de plus de treize ans. La victime obtiendra dès lors une réparation civile (des indemnités) et une punition éducative contre ce jeune.

§ 2. – La punition éducative des mineurs

60. – Lorsque deux lois pénales se chevauchent dans le temps, la primauté est donnée à la nouvelle ; du moment qu'elle apparaît plus douce que l'ancienne (74). Pour déterminer cette douceur, il faut se demander si en définitive le coupable échappera (en tout ou en partie) à la peine de privation de liberté ; c'est-à-dire à la réclusion criminelle, ou bien à l'emprisonnement.

61. – Selon cette vision, les procédures et les peines des mineurs sont douces, plus douces, en comparaison de celles applicables aux majeurs (A.). Le jeune est d'abord et surtout considéré comme une victime (passée, présente ou prochaine). Aussi la collectivité préfère-t-elle soumettre le mineur délinquant à l'éducation ou à la rééducation (B.).

A. – La douceur des procédures et peines des mineurs.

63. – La douceur pénale dont bénéficient les jeunes consiste tout d'abord en la minoration des peines qu'ils encourent. Elle prend aussi la forme de procédures plus protectrices tant avant qu'après le prononcé de ces peines.

---

74) Jean-Pierre MARGUÉNAUD, La proclamation européenne du principe de rétroactivité de la loi pénale plus douce, RSC 2010. 234.

1. – La minoration des peines des mineurs délinquants.

64. – Doit-on sévir plus rigoureusement à l'encontre de l'enfant parce qu'il aura trop tôt versé dans la délinquance, ou bien au craindre faut-il estimé que son jeune âge appelle de l'indulgence ? Cette question est celle de la distinction entre « *la précocité envisagée comme caractéristique de la personnalité du sujet et la prise en considération du jeune âge dans l'explication de la conduite de celui-ci ou des réactions qui lui sont opposées* » (75).

65. – Cela dit, penser que le mineur délinquant échappe par principe à toute poursuite pénale constitue une erreur. En effet, il se trouve seulement que, comme dans les commerces, le mineur bénéficie d'un *''demi-tarif''* ; sa peine est minorée. L'idée est que pour l'heure le libre-arbitre lui manquerait ; au moins en partie ; malgré l'atteinte de l'âge de raison par l'infans (76). La loi parle d'acquisition du « *discernement* » (77).

66. – Par comparaison, l'adulte peinera à faire valoir son trouble mental à l'origine d'une altération (sans abolition pour autant) de son discernement (78). Car il aura pu agir lors d'une

---

75) Reynald OTTENHOF, Le concept de précocité en criminologie, RSC 1995. 863.

76) « *Si les critiques doctrinales se sont pour le moment cristallisées autour des conditions de la responsabilité civile de l'infans, elles pourraient aujourd'hui être étendues, dans une autre mesure, à l'enfant discernant* » (Nicolas BONNARDEL, L'intérêt supérieur de l'enfant en droit de la responsabilité civile : une considération en devenir ? D. 2025. 405).

77) Code de la justice pénale des mineurs, article L11-1.

78) « *Source d'abolition du discernement, la folie constitue aujourd'hui une cause d'irresponsabilité pénale. Compatible avec l'obligation de réparation, la folie ne l'est plus avec la sanction, elle appelle le traitement, non le jugement. L'idée n'allait pourtant pas de soi. Historiquement [...]* » (Catherine SEVELY, Réflexions sur l'inhumain et le droit, RSC 2005. 483).

période de lucidité (79). En ce cas, une bataille d'experts opposera en général les partisans de l'enfermement en prison et les adeptes de l'enfermement à l'hôpital (80).

67. – Rappelons que pour les canonistes et les civilistes, « *le dormeur, et plus spécialement le somnambule, devenait responsable si, connaissant son handicap, il n'avait pas pris toutes les précautions nécessaires avant son endormissement. Cette doctrine, fixée dans les années 1310, a exercé une influence directe sur la doctrine pénaliste contemporaine* » (81).

68. – Le recours a priori (devant le Conseil constitutionnel) contre une loi (plus sévère) s'est soldé par un échec. Il était question de l'aggravation de la peine encourue par les parents des mineurs délinquants. Même validation (par cette institution suprême) de la sévérité constituée par le couvre-feu destiné à limiter la déambulation nocturne des jeunes.

69. – Car si leur protection revêt bien une valeur constitutionnelle, la même valeur est aussi reconnue à la préservation de l'ordre public. Or la nécessaire tranquillité des populations souffre des mineurs noctambules (82).

70. – De vraies peines existent contre les mineurs ; même si elles s'élèvent en général à la moitié de celles encourues par les

---

79) Code pénal, art. 122-1.

80) « *Si la justice hésite encore à traiter de manière entièrement spécifique le risque constitué par la folie du délinquant, la folie constitue, pour la justice pénale, un risque spécifique à plus d'un titre* » (Jean DANET et Claire SAAS, Le fou et sa "dangerosité", un risque spécifique pour la justice pénale, RSC 2007. 779).

81) Nicolas LAURENT-BONNE, Les origines de l'irresponsabilité pénale du somnambule, RSC 2013. 547.

82) Noélie COUDURIER, La justice des mineurs, un totem absolu, JA 2025, n°723, p.7.

majeurs. Une pareille manière de considérer leurs méfaits s'appelle l'excuse de minorité. Toutefois, cette cause d'atténuation de la responsabilité et de la peine peut être écartée pour les infractions perpétrées à 16 ans révolus. Le cas échéant, le mineur subira une rétorsion pénale de droit commun (83).

71. – Il convient pourtant de noter que ces peines d'adultes, elles-mêmes, obéissent à une individualisation, à une personnalisation (84). En effet, la juridiction pénale s'intéresse d'une part au passé de la personne poursuivie ; d'autre part à ses regrets actuels ; et de troisième part à ses chances de réadaptation (d'amélioration). Après tout, la prison vise aussi l'amendement du coupable, en sus de sa mise hors d'état de nuire, ou bien de son placement en situation d'introspection.

72. – Bien sûr, le changement individuel s'envisage d'abord et surtout chez le mineur, plutôt que chez l'adulte, peut-être déjà installé de longue date dans un habitus de violation des lois et règlements. À cet égard, le juge BONJEAN, fondateur de la SOCIÉTÉ (désormais ASSOCIATION) POUR LA PROTECTION DE L'ENFANCE ABANDONNÉE, admettait l'incarcération même longue. Car celui-ci pouvait permettre « *d'assurer à l'enfant le calme, le repos, les soins et les bons traitements* » (85). Une sorte de protection du mineur s'ensuivait.

---

83) Jean-Pierre ROSENCZVEIG, La délinquance des mineurs, D. 2002. 1358.

84) Au 18ème siècle, et à 26 ans seulement, Cesare BECCARIA aura vigoureusement condamné les peines indifférenciés ou l'automaticité des peines. Son célébrissime ouvrage publié en 1764 est intitulé « Des *délits et des peines* ».

85) François TOURET DE COUCY, Enfance délinquante, in Répertoire de droit pénal et de procédure pénale, 2005, n° 4.

2. – La protection du mineur avant et après sa peine.

75. – Le Code de procédure pénale prévoit une détention provisoire pouvant atteindre deux années. Il s'agit en l'occurrence d'une entorse au principe de présomption d'innocence. Mais la mesure s'impose parfois aux juges pour abriter le détenu, ou bien pour protéger des témoins, ou encore pour préserver l'ordre public, etc. (86).

76. – Cette durée biennale est-elle valablement applicable au mineur accusé, c'est-à-dire probable auteur d'un crime ? La réponse du Conseil constitutionnel est négative. Tout au moins si la loi pénale en question (ou une autre loi) ne prévoit point « *de procédure appropriée* » aux mineurs.

77. – En pur droit, une (simple) loi ne saurait valablement naître au mépris de la distinction entre les délinquants majeurs et les délinquants mineurs. C'est une distinction si souvent affirmée par des (simples) lois qu'elle a désormais mué en une exigence constitutionnelle. Il s'agit plus précisément d'un « *principe fondamental reconnu par les lois de la République* » (87).

78. – Le système judiciaire français exige ainsi de prendre du temps pour l'enfant ; il faut éviter la précipitation dans le traitement punitif de son cas (88). Une longue césure

---

86) Carole-Anne VAZ-FERNANDEZ, Nullité de la détention provisoire d'un mineur en raison de la présence d'un tiers lors du débat contradictoire, D.A. 8 avril 2025.

87) CONSEIL CONSTITUTIONNEL, 27 juin 2025, Détention provisoire (mineur) : inconstitutionnalité du régime, D. 2025. 1211.

88) L'opinion inverse aura déjà été rapportée en 2007 ; une époque où l'on aura pensé que : « *La réponse pénale devrait s'accélérer sous l'effet d'une nouvelle procédure de présentation immédiate devant la juridiction pour*

s'intercale alors entre la reconnaissance de la culpabilité et le prononcé de la peine adaptée (89). Le jeune échappe par conséquent à la procédure expéditive du flagrant délit ou de la comparution immédiate (90). La règle (encore rappelée en 2025 par le Conseil constitutionnel) est que juger les infractions des mineurs de façon rapide (de façon expéditive) doit demeurer exceptionnel (91).

79. – En principe, les peines subies en état de récidive sont plus sévères. En l'occurrence, le délinquant aura trop vite commis une nouvelle infraction ; c'est-à-dire avant le délai de décence prévu. Ce délinquant devient dès lors un récidiviste. Mais le comptage ou l'enregistrement des condamnations (déjà subies) suppose une sorte de registre : le casier judiciaire (92).

80. – Par bienveillance pour les jeunes, leurs crimes et délits ne font pas l'objet d'une publicité identique à celle inhérente au casier judiciaire des adultes (93). D'ailleurs, trois ans après la

---

mineur » (Virginie GAUTRON, La fin de la singularité du modèle français de prévention de la délinquance, AJ pénal 2007. 205).

89) Nadia BEDDIAR, La césure du procès pénal des mineurs, AJ pénal 2019. 483.

90) Solène DEBARRE et Charlotte TENENHAUS, Comparution immédiate : fallait-il vraiment rendre applicable aux mineurs ce que le droit pénal des majeurs connaît de pire ? AJ pénal 2025. 219.

91) Charlotte TENENHAUS, Loi sur la justice des mineurs : le Conseil constitutionnel a eu le dernier mot, D.A. 9 juillet 2025

92) Benjamin MONNERY, Irvin NEERUNJUN, Renaud MABIRE-YON et Massil BENBOURICHE, Mesurer la récidive en France : des données nécessaires pour mieux évaluer, AJ pénal 2025. 30.

93) Maryvonne AUTESSERRE, A quoi sert le casier judiciaire des mineurs ? RSC 2003. 309. En 2011, il avait était créé un dossier unique du mineur (délinquant) dans lequel devait être mentionné l'essentiel de sa personnalité ainsi que sa situation familiale et sociale (Loi n° 2011-939 du 10 août 2011, JO du 11, encore dite loi Mercier). Outre le juge des enfants, les éducateurs chargés de l'enfant pouvait y accéder sur habilitation de ce

condamnation du mineur, il est procédé à l'effacement de la mention éventuelle de son infraction. Dans ces conditions, lors de la migration vers le casier judiciaire des majeurs le jeune pourrait avoir retrouvé sa virginité pénale (94).

81. – C'est pourquoi il apparaît injuste et illégal de revenir sur les condamnations en question des années après (95). C'est-à-dire qu'aucun média ne saurait légitimement publier des photos ou des films révélant des comportements infractionnels de l'enfance ; cela malgré la liberté de la presse (96). Voilà pourquoi dans une affaire (plutôt caricaturale à l'excès), la juridiction du premier degré aura jugé de la façon qui va suivre.

82. – À savoir que : « *La liberté de création ne peut prévaloir sur le droit dont le demandeur dispose sur son image, dès lors que la photographie litigieuse a été prise alors qu'il était mineur, que l'atteinte portée au droit à l'image pour cette photographie a déjà été sanctionnée judiciairement, que le cliché met en scène le jeune homme dans des circonstances très dépréciatives, à un âge de particulière fragilité et que sa dignité est mise en*

---

juge, avec obligation du respect du secret professionnel. Cf. aussi Valérie AVENA-ROBARDET, Jugement des mineurs, AJ fam. 2011. 396.

94) L'effacement devant parfois être sollicitée, dans l'intervalle de son obtention, les projets professionnels du jeune majeur attendront ; tout au moins s'ils exigent un casier judiciaire vierge

95) Code de la justice pénale des mineurs, Titre III Du casier judiciaire et des autres fichiers, Article L631-1 et suivants.

96) Contrairement à ce que l'on s'imagine volontiers, la liberté de la presse (instituée par la loi de juillet 1881) ne concerne pas exclusivement les journalistes. C'est en effet le droit pour chacun de posséder la machine appelée presse, de façon à pouvoir fabriquer des écrits. Ce qui renvoie aujourd'hui à l'imprimante présente dans presque tous les foyers.

cause » (97). Or peut-être le jeune en question s'était-il amendé à la suite de sa rééducation.

B. – La primauté de la rééducation du sauvageon.

85. – Le traitement pénal du mineur délinquant va au-delà de la punition pure et simple, puisqu'une rééducation lui est prescrite. Certes, sa mise en œuvre est compliquée par le coût financier qu'elle représente.

1. – L'élévation intellectuelle et morale par l'éducation.

86. – Longtemps avant l'apparition de l'actuelle économie de la connaissance, l'on disait déjà que le savoir représentait le pouvoir (98). Car il permet d'accomplir moult choses plus ou moins grandioses par soi-même et par personnes interposées (99) ; tout au moins jusqu'à l'éruption de l'I.A., l'intelligence artificielle (100).

87. – En tous cas, depuis plus d'un siècle, mû par un humanisme certain, les pouvoirs publics cherchent à vulgariser

---

97) Selon le TGI de Paris (26 juillet 2013, n° 13/55518. Cette jurisprudence est rapportée par Aurélie BRÉGOU, Les libertés d'information et de création artistique sacrifiées au profit d'un « droit à l'oubli », Légipresse 2013. 684).

98) Au moins deux questions s'ensuivent : « *Comment le savoir donne-t-il du pouvoir ?* » et « *Faut-il critiquer le savoir au nom du pouvoir qu'il nous donne ?* » (https://www.radiofrance.fr/franceculture/podcasts/le-pourquoi-du-comment-philo/le-pourquoi-du-comment-philo-chronique-du-mardi-13-decembre-2022-7293244).

99) Frédéric ROUVIÈRE, L'homme et la bête : de l'être au devoir-être ? RTD civ. 2017. 765 ; TRIBUNAL ADMINISTRATIF DE LILLE, 15 avril 2011, Prison : le droit à l'éducation, liberté fondamentale ? AJ pénal 2011. 260

100) « *Le savoir est-il toujours une composante importante du pouvoir et le restera-t-il ?* » (La rencontre des entrepreneurs de France 2025, https://laref.org/2024/08/19/savoir-cest-pouvoir/).

l'instruction. C'est en quelque sorte la quête de « *l'homme nouveau* » ; ou bien la redécouverte de « *l'homme bon* ». Un homme (ou une femme) qui (dans son écosystème) respecterait les personnes et les biens. Il s'agit-là de la principale finalité de notre école républicaine.

88. – À cet égard, aura dit Victor HUGO, chaque fois que dans le pays s'ouvre une (nouvelle) école, les chances de disparition d'une prison des environs augmentent. Car l'instruction civilise ; elle modère la volonté crapuleuse de s'accaparer les biens d'autrui, ainsi que la volonté de régler ses conflits au moyen de la force brute. En d'autres termes, (il) s'amorce un éloignement de la criminalité par « *l'éducation, par les interdits, par l'accès à la culture* » (101) ; du moins en général (102).

89. – Dans le même esprit, un ancien juge des enfants (devenu psychanalyste d'éducateurs d'enfants) assure qu'il n'y a « *pas de fatalité de la délinquance* ». Car le jeune délinquant serait de nature à réviser et à adoucir ses rapports avec autrui. Mais encore faut-il que « *les professionnels ne confondent pas le symptôme et la raison du symptôme et portent sur chaque jeune délinquant, dans sa singularité, un autre regard, cette fois porteur de vie, plutôt que de mort* » (103).

90. – Cependant les connaissances accumulées sur soi-même ou sur notre environnement matériel et humain n'aboutit pas

---

101) Stéphane PINON, Révolution numérique, « gilets jaunes » et réformes constitutionnelles, Constitutions 2018. 515.

102) En fait, Hugo préférait quand même la prison à la peine de mort : « *Pas de bourreau où la prison suffit* » (Édouard TILLET, Penser la peine, Répertoire de droit pénal et de procédure pénale / Histoire des doctrines pénales, MAJ octobre 2010).

103) Philippe CHAILLOU, Justice en situation - « Morts ou vifs », Les cahiers de la justice 2021. 693.

toujours au changement désirable d'êtres et/ou de choses (104). Cette impuissance personnelle ou collective à peser sur le réel génère à coup sûr tristesse et/ou colère. On peut dès lors comprendre le choix parfois fait de se complaire dans l'ignorance, ou bien de se mentir. Du reste, « *savoir c'est pouvoir, or le pouvoir est dangereux* » (105). Il présente incontestablement un coût financier.

2. – Un droit à l'éducation malgré son coût budgétaire.

94. – Après la Libération (de la France du joug nazi), le Général de Gaulle s'était retrouvé à la tête d'un Gouvernement réunissant des partis politiques divergents, voire antagonistes. Mais ils auront réussi à adopter des textes en commun, dont le premier aura été l'ordonnance du 2 novembre 1945 sur la délinquance juvénile. C'est un texte consacrant des réflexions déjà en cours depuis des décennies. Sa finalité : instituer un « *droit à l'éducation des enfants délinquants* » (106).

95. – Au fil des décennies, cette ordonnance aura connu bien plus qu'une centaine de modifications d'importance variable. Par exemple, en décembre 2024, l'on aura constaté que : « *Les députés remanient la loi [très récente] remaniant la justice des mineurs* » (107). Ce qui (dans le journal) aura été suivi en

---

104) Maxime BARBA, Indice d'insécurité juridique, D. 2025. 1201

105) Maurice LINE, Réflexions sur la disponibilité des connaissances et de l'information en Grande-Bretagne aujourd'hui (https://bbf.enssib.fr/consulter/bbf-1991-04-0268-001).

106) Jean-Pierre ROSENCZVEIG, La délinquance des mineurs, D. 2002. 1358.

107) Pierre JANUEL, Les députés remanient la loi [très récente] remaniant la justice des mineurs, D.A. 3 décembre 2024.

juillet 2025 par ce titre : « *Loi sur la justice des mineurs : le Conseil constitutionnel a eu le dernier mot* » (108).

96. – Désormais, il existe un Code de la justice pénale des mineurs. Grâce à ce document réécrivant l'ordonnance, les dispositifs pénaux applicables aux jeunes sont devenus davantage accessibles et intelligibles (109). Cela étant, le juge des enfants (la juridiction spécifique aux enfants) y conserve sa place centrale (110).

97. – En général, les juridictions pénales d'exception sont mal vues. D'où l'abrogation des tribunaux militaires en temps de paix (111). D'où également la disparition suggérée de la Cour de Justice de la République dédiées aux infractions des ministres (112). En revanche, l'idée de tribunaux pour enfants demeure inébranlable.

98. – Dans ces conditions, le juge des enfants continuera de suivre les dossiers des mineurs ; de leur ouverture à leur clôture. Une clôture à la suite de la reprise du « *droit chemin* » par le jeune délinquant ; en particulier grâce à une rééducation (113). En tous cas, l'action sur le mineur délinquant va de sa

108) Charlotte TENENHAUS, préc.

109) Philippe MALAURIE, Les enjeux de la codification, AJDA 1997. 642 ; Dorothée GOETZ, Code de justice pénale des mineurs : quoi de neuf ? D.A. 22 janvier 2021.

110) Philippe DESLOGES, Continuité de l'action du juge des enfants : de l'assistance éducative à la répression, AJ Fam. 2021. 459).

111) Jean-Christophe VIDELIN, L'impossible judiciarisation du champ de bataille validée par le Conseil constitutionnel, AJDA 2020. 171.

112) DOSSIER, Juger les ministres : la Cour de justice de la République en question, AJ pénal 2021. 559.

113) De la part d'autres que le législateur lui-même, cela semblerait « *correspondre à la manipulation mentale ou au lavage de cerveau* » (Cyrille DUVERT, La loi visant à renforcer la lutte contre les dérives sectaires et à améliorer l'accompagnement des victimes, D. 2024. 912).

réprimande à son éventuel placement dans une structure plus ou moins fermée, en passant possiblement par la désignation d'éducateurs chargés de le suivre.

99. – Pour conclure avec le propos d'un médiatique et contemporain juge des enfants, « *il faut l'éduquer sans pour autant se priver de le punir en tant que de besoin* » (114). Afin de réussir à tenir ces deux bouts de la chaîne, les adultes devraient toujours se demander pourquoi donc l'enfant se sera en définitive retrouvé sur ''*la mauvaise pente*''. Dans cet esprit, le juge des enfants explore prioritairement la piste des mesures éducatives avant de se résoudre à emprunter celle de la punition.

100. – Cela étant, la rééducation coûte cher au Trésor public (115). Tout au moins selon une vision à courte vue. C'est-à-dire celle incapable (ou refusant) de prophétiser les difficultés ultérieures alors évitées à l'intéressé et à la collectivité. Car (dans le futur) le jeune adulte devenu responsable et autonome fera économiser à la collectivité la réparation d'éventuels nouveaux méfaits, de même que le versement d'allocations diverses à lui-même.

101. – Alors vient la distinction bien fumeuse entre les dépenses de fonctionnement (toujours fustigées) et les dépenses d'investissement (mieux acceptées) (116). Pourtant, indique une étude, « *les familles mal logées et leurs enfants sont plus*

---

114) Jean-Pierre ROSENCZVEIG, La délinquance des mineurs, D. 2002. 1358.

115) Pierre JANUEL, Gérald Darmanin face aux défis budgétaires de la justice, D.A. 11 juin 2025.

116) « *Les dépenses de fonctionnement sont le plus souvent des dépenses répétitives correspondant à une consommation immédiate et sans incidence sur le patrimoine. Les dépenses d'investissement procurent un bien durable qui entre dans le patrimoine, avec pour effet de le conserver, de le renouveler ou de l'accroître* » (https://www.senat.fr/rap/r00-037/r00-03765.html).

souvent malades et mal soignés. En investissant dans le logement pour leur dignité, les pouvoirs publics réaliseront aussi des économies en dépenses de santé » (117). Mais un logement décent suppose de l'eau courante, de l'électricité, du chauffage, etc. Or ces dépenses sont-elles à faire ou au contraire à exclure des préoccupations politiques ?

102. – S'agissant de la prise en charge des enfants délinquants, il faut d'importants budgets pour s'offrir les murs, les matériels et les personnels indispensables à leur prise en main. Malheureusement, les finances du pays sont exsangues. À ce sujet, l'auteur de « *L'enfance en danger sacrifiée* » observe que : « *Depuis des années, partout en France, les juges des enfants s'alarment de voir leurs décisions de placement de mineurs de plus en plus souvent inexécutées, malgré des tribunes, rapports et commissions parlementaires* » (118).

103. – Pour mieux alimenter la polémique budgétaire, l'on notera que les très mauvais enfants de la République (jeunes délinquants) de même que les très bons (surdoués pour Grandes Écoles) phagocytent l'essentiel les budgets publics. Cet accaparement démunit alors la grande masse des jeunes peut-être trop discrets. Concrètement, ces derniers n'attirent point l'attention par d'agissements déplorables ou bien par une intelligence exceptionnelle (119). Bref, il faudrait « réorienter les moyens de l'Éducation nationale » (120).

---

117) Manuel DOMERGUE et Lisa TAOUSSI, Santé publique France, Téléchargements/16771_doc00003376-3.pdf ; https://www.fondationpourlelogement.fr/30e-rapport-sur-letat-du-mal-logement-en-france-2025/.

118) Anaïs COIGNAC, L'enfance en danger sacrifiée, D.A. 11 juillet 2025.

119) Pascale BERTONI, Le contrôle de l'État sur l'enseignement supérieur, AJDA 2024. 323 ; Jean ROOS, Le projet d'un « service public unifié et laïc de l'éducation nationale » retiré en juillet 1984 : quels (libres)

104. – Revenons précisément aux jeunes délinquants pour signaler cette fois que dans les centres qui les accueillent, ils bénéficient non seulement de la certitude du vivre et du couvert, mais également de l'assistance de professionnels dédiés. À l'inverse, beaucoup de leurs camarades demeureront exposés au sous-encadrement éducatif ; au mal-logement ; et à la malbouffe (121). Le maintien dans la famille aura peut-être été un choix officiel (122).

105. – En tous cas, soutient le Journal Le Monde : « *Le marché de l'enfance coûte cher et peut rapporter gros ! Et au moins faire vivre des professionnels* » (123). Les enfants délinquants constituent dès lors une source supplémentaire de controverses de la part de rédactions ou de partis politiques ;

---

enseignements en tirer ? RFDA 2025. 189 ; https://www.cge.asso.fr/le-cout-des-etudes-en-grande-ecole-et-le-financement-de-lenseignement-superieur-en-france/.

120) Jean-Pierre BALDUYCK et Christine LAZERGES, Réponses à la délinquance des mineurs, RSC 1998. 610.

121) Au fond, « *la malbouffe est-elle l'apanage des zones défavorisées* ? » (https://www.ville-et-banlieue.org/wp-content/uploads/2021/01/Au-fil-des-quartiers-n6-Bien-mang-er-dans-les-quartiers-populaires.pdf).

122) Fanny ROGUE, Le placement éducatif à domicile, de l'innovation à la qualification juridique, D. 2024. 1114.

123) https://www.cge.asso.fr/le-cout-des-etudes-en-grande-ecole-et-le-financement-de-lenseignement-superieur-en-france/.

Section 2. – Les disputes sur la délinquance juvénile

117. – Les sciences exactes ont ceci de reposant qu'une fois qu'une vérité est établie, elle est acceptée dans le monde entier jusqu'à ce qu'une démonstration nouvelle impose un abandon ou une révision. Or, à l'inverse, en sciences humaines et sociales la discussion est permanente et byzantine. Du reste, bien souvent, « *une notion byzantine chasse l'autre* » (124).

118. – Même une décision du Conseil constitutionnel s'expose à la critique, y compris par de parfaits ignorants, alors pourtant qu'elle s'impose à toutes les autorités publiques (125). Certes un professeur de droit a cru pouvoir se demander si le droit n'était pas une science exacte. Car « *quoi de plus exact, à un moment donné, qu'un texte législatif ou réglementaire clair* » (126).

119. – Hélas son optimisme est vain en matière de délinquance juvénile, les controverses y étant légion. On pourrait les subdiviser en deux ; avec d'un côté celles qui concernent les causes de cette délinquance (§ 1) ; et de l'autre côté, les controverses relatives aux meilleures mesures pour l'atténuer ou même pour la faire disparaître (§ 2).

---

124) Émeric JEANSEN, Des avantages individuels acquis au maintien de la rémunération annuelle, une notion byzantine chasse l'autre, JCP S 2016. 1420.

125) Constitution, article 62, alinéa 3 : « *Les décisions du Conseil constitutionnel ne sont susceptibles d'aucun recours. Elles s'imposent aux pouvoirs publics et à toutes les autorités administratives et juridictionnelles* ».

126) Didier GUÉVEL, Le droit : une science exacte (?), D. 2017. 1465.

§ 1. – Les causes discutables de la délinquance juvénile

125. – Pendant l'été 2025, la France aura enduré diverses calamités souvent indépendantes de la volonté de ses enfants (127). Mais, parallèlement, elle aura déploré au moins trois variétés de souffrances cette fois imputables à ceux-ci. À savoir : les balles perdues des vendeurs de drogue ; les tirs des mortiers d'artifice ; les rodéos urbains.

126. – De ces enfants (souvent des adolescents), sans doute doit-on dire qu'ils constituent de la mauvaise graine (128). Certes, pour leur défense, alors peut-être invoqueront-ils de vivre en général dans un terreau propice à la délinquance juvénile (A.). Dans ces conditions, la fin de la période estivale (et donc des vacances scolaires) n'apportera sûrement pas d'accalmie au pays. Car les jeunes en question se livrent volontiers à l'école buissonnière, laquelle ressemble à un engrais facilitateur de la perpétration d'infractions (B.).

A. – Le terreau de la délinquance des jeunes.

127. – Il est difficile de jauger l'âme du jeune délinquant en vue de comprendre sans conteste ce qui l'aura mu. Si certains motifs renvoient à la folie et à l'esprit criminel, d'autres paraissent plus terre à terre.

1. – La folie juvénile et l'esprit criminel de l'humain.

128. – Nul jamais n'entreprend de raisonner un dément ; non, personne n'envisage de lui demander des comptes. Or la

127) Par exemple les incendies de forêts et le feuilleton Trump de l'augmentation des droits de douane.

128) Laurence GARNERIE, Atteintes aux forces de l'ordre, réponse pénale et moyens de la justice, Gaz. Pal. 1 juin 2021, n° 422m0, p. 8.

science invite à reconnaître que l'adolescence est une période où le cerveau subi des transformations. Et certaines d'entre elles transportent parfois le grand enfant sur les rivages de la folie. Par conséquent, face à l'attitude erratique d'un adolescent, la réaction devrait toujours de garder à l'esprit la probabilité d'une parenthèse démentielle en sa personne.

129. – En fait, aura soutenu un pédopsychiatre dans un média de vulgarisation : « *avec les adolescents, on est toujours dans la brutalité des émotions. Mais il ne faut pas confondre maladie mentale et coup de folie. Ils peuvent avoir un coup de folie sans être fous. Quand on fait l'idiot au volant d'une voiture, est-ce de la folie ? L'adolescence, c'est le moment de la vie où l'on «délire» le plus. On est fou à cet âge pour ne pas l'être plus tard. Tous les ados ont des moments de folie, d'agressivité qu'ils peuvent retourner contre eux ou contre les autres. Par exemple, quand un jeune nous insulte, c'est un moment de folie* » (129).

130. – En présence de débordements puérils, la Droite manifeste presque toujours un furieux ressentiment, tandis qu'au contraire la Gauche exprimera un sentiment de bienveillante relativisation. On lit à cet égard ceci dans un média de travailleurs sociaux : « *Attention à ne pas faire des jeunes nos ennemis intérieurs, prévient la sociologue Maryse Esterle-Hedibel* » (130).

---

129) Marcel RUFO, Adolescence et coups de folie, L'Express 2004, https://www.lexpress.fr/actualite/societe/adolescence-et-coups-de-folie_487981.html). Didier LAURU, « Moments de folie à l'adolescence », dans : Patrick DELAROCHE éd., Peut-on devenir fou ? Toulouse, Érès, « Le Bachelier », 2004, p. 59-69. DOI : 10.3917/eres.delar.2004.01.0059. URL : https://www.cairn.info/---page-59.htm.

130) https://www.ash.tm.fr/magazine/2098/les-acteurs/jeunes-et-violences-il-faut-relativiser-389614.php#.

131. – Un auteur ose même souligner que « *l'infraction est subie* » ; après s'être posé la question de savoir s'il est « *réellement possible d'expliquer le passage à l'acte infractionnel* » (131). Il s'agit-là d'une relativisation parfois désespérante et/ou inquiétante.

132. – Certes, l'acceptation fataliste des méfaits juvéniles vient de la conscience que tout enfant renfermerait les germes de la violence ; et d'ailleurs toute société humaine aussi (132). À cet égard, pour Émile DURKHEIM : « Le *crime est normal, parce qu'une société qui en serait exempte est tout à fait impossible* » (133).

133. – D'ailleurs une institution pourtant peuplée de technocrates raisonnables tient un discours proche de celui de ce père de la sociologie (134). En effet, pour celle-ci comme pour celui-là, malgré sa tête d'angelot, un enfant incarnerait un potentiel de méchanceté.

---

131) Julien FAIDHERBE, La rationalité pénale à l'épreuve des violences, GPL 3 oct. 2023, n° GPL454d1. Selon lui : « *Il s'agit d'une situation de non-choix. Particulièrement confronté aux violences volontaires, le maintien d'une pensée juste et rationnelle est bien souvent malmené. La société française est dotée d'un système répressif qui favorise la prise en compte des facteurs endogènes et exogènes de l'individu. Cette action inclusive permet à la rationalité pénale de s'accomplir plus justement* ».

132) Sans doute admettent-ils la sanction dans certains cas. Mais, timidement ; car ils craignent que celle-ci se révèle finalement contreproductive. Cf. Catherine SEVELY, Réflexions sur l'inhumain et le droit, RSC 2005. 483.

133) Émile DURKHEIM, Le crime, phénomène normal, 1894. Plus haut (n° 25), nous avons vu que John LOCKE expliquait par le besoin de découverte l'éventration de ses poupées ou d'animaux par l'enfant.

134) La rapport de la Cour des comptes sur les polices municipales d'octobre 2020 s'inquiète du gouffre financier constitué par les dispositifs de vidéo protection, « *dont rien ne démontre que leur déploiement a permis de faire baisser les taux de délinquance ou d'augmenter les taux d'élucidation* ».

134. – Hélas, les choses ne s'arrangent pas forcément avec le temps. Dès lors, est-il soutenu : « *Donner toujours plus de moyens aux policiers, à l'autorité judiciaire pour surveiller ne va pas faire disparaître la délinquance, la criminalité n'a disparu d'aucune société, à aucun moment de l'histoire* » (135). Surtout si l'on ne s'attaque pas à certains facteurs liés à la pauvreté, à la santé, etc.

2. – La précarité socioéconomique et psychanalytique.

140. – La délinquance des enfants est aussi expliquée au moyen de notions psychanalytiques. Celles-ci édifieront ou fâcheront sans doute le lecteur (136). Car il semblerait que « *les jeunes délinquants, en raison des ruptures symboliques subies par leurs parents ou même par les générations d'avant, ont fait l'objet d'un vœu de mort inconscient de la part de leurs géniteurs. Ainsi, inconsciemment et n'en voulant rien savoir, le jeune délinquant s'adresse, par ses actes délinquants symptomatiques, à la justice comme un fils mort pour assurer la vengeance de ce désir de mort de ses parents, pour se faire rendre justice d'une injustice originaire dont il a été l'objet* » (137).

141. – L'auteur de l'argumentaire ci-dessus conclut alors que : « *si la société et son surmoi social ne veulent rien savoir non plus de ce processus inconscient, le résultat en est catastrophique, car le passage à l'acte est si inconsciemment justicier que son*

---

135) Florence CREUX-THOMAS, Sécurité globale, de quel droit ? La Semaine Juridique Edition Générale n° 13, 29 mars 2021, 344.

136) Philippe CHAILLOU, Justice en situation - « Morts ou vifs », Les cahiers de la justice 2021. 693).

137) Idem.

jugement et la condamnation qui s'ensuivent n'apportent encore que plus d'eau au moulin du sentiment inconscient d'injustice de son auteur » (138).

142. – Mais peut-être le lecteur préférera-t-il l'appel à des facteurs cognitifs comme justifications factuels du crime, ou de la criminalité. Effectivement, « *les résultats de différentes études suggèrent que les enfants ou les adolescents passant à l'acte présentent souvent des problèmes de colères, peu d'empathie, peu de self-control et un quotient intellectuel peu élevé. Un mineur présentant ces caractéristiques peut ne pas avoir conscience des conséquences de ses actes, même lorsqu'il commet un acte aussi grave qu'un homicide* » (139).

143. – Le discours psychanalytique précédent imputait le passage à l'acte à la famille qui en serait la cause ; souvent à son corps défendant (donc involontairement, inconsciemment). Néanmoins, il lui appartient de sortir sa progéniture de l'éventuel état de sauvageon grâce à l'éducation et à la socialisation. Mieux, la loi désigne « *les père et mère* » comme devant répondre des dommages causés aux tiers par leurs rejetons (140).

144. – Toutefois, et de manière exceptionnelle, d'autres personnes (publiques ou privées) peuvent devoir assumer civilement les méfaits de l'enfant qui leur aura été confié (141). Par exemple, « *l'autorité municipale vient subroger des parents*

---

138) Ibidem.

139) Aurélien LANGLADE, Keltoume LARCHET et Sahana RATTINAM, Les homicides commis par des mineurs : cadres explicatifs et enjeux criminologiques, AJ pénal 2025. 224.

140) C'est l'une des variétés de responsabilités du fait d'autrui, ici plus précisément responsabilité parentale. Elle est prévue depuis 1804 par le Code civil ; désormais à son article 1242.

141) Claire NEIRINCK, Enfance, in Répertoire de droit civil, octobre 2016, n° 913.

démissionnaires qui "ont perdu l'autorité sur leurs enfants" et sont incapables d'assurer leur sécurité au nom de leur devoir de garde, de surveillance et d'éducation » (142).

145. – En vérité, L'État lui-même a mis en place (et confié aux Départements) l'ASE, l'Aide sociale à l'Enfance, laquelle est une institution bien connue, mais diversement appréciée (143). Toutefois, il y aurait « *un manque d'implication chronique de l'État et un engagement très variable des départements conduisant à des inégalités de chances très significatives* » (144).

146. – En général, les sociologues préfèrent la dénomination de déviant à celle de délinquant, laquelle apparait juridiquement connotée (145). Dans les deux cas toutefois, il est question d'un jeune au mieux perturbateur de la vie collective (à l'école et/ou en ville). Il se comporterait de la sorte du fait de la défaillance de la famille en matière de socialisation de sa progéniture.

147. – Par conséquent, a-t-on pu penser, cet enfant « *transporte avec lui toute la précarité et l'instabilité du monde social environnant. Il est, selon le mot d'un ministre de l'Intérieur néo-républicain en 1998, un "sauvageon", qu'il convient de confronter au plus vite aux exigences de la civilité républicaine*

---

142) Gilles ARMAND, Le couvre-feu imposé aux mineurs : une conception nouvelle de la sécurité, AJDA 2002. 351.

143) Manuela BRILLAT, La protection du mineur placé : la France est condamnée par la CEDH, D.A. 14 novembre 2022.

144) Emmanuelle MAUPIN, La protection de l'enfance laissée à l'abandon, AJDA 2025. 688.

145) La synonymie se retrouve quasiment dans cette phrase proclament que : « *Une entreprise dont le nom est associé directement ou indirectement à un comportement déviant ou délinquant risque de perdre des parts de marché* » (Gabrielle RABANY, Travail dissimulé, D. 2000. 92).

et nationale » (146). Autrement dit, les termes sauvageons, jeunes, barbares ou ensauvagement se rapportent à un manque « *d'intégration des dispositions physiques requises pour faire partie de la société, traduisant la persistance d'un état primitif ou instinctif* » (147).

148. – Est-il bien fondé d'ainsi prétendre que les jeunes ne sont pas socialisés ? La réponse négative ne fait pas de doute. Car tout enfant appartient à plusieurs sociétés et à divers cercles, lesquels présentent parfois des intersections entre eux. Or quand l'adolescent évolue au sein de son groupe de foot (ou de rollers, ou de hip hop, etc.) il en adopte les codes et les attitudes. Dans ces conditions, puisqu'il maîtrise le savoir-faire et le savoir-être des membres standards du groupe en question, son intégration dans celui-ci saute aux yeux.

149. – Concédons toutefois que cette socialisation-là compte peu ; parce que trop éloignée des canons définis par les prescripteurs institutionnels (148). D'autant plus qu'il conviendra quelquefois de déplorer « *la dynamique groupale soulignée par des études sur la criminalité juvénile qui soulignent la dimension intégratrice associée à la commission de certaines infractions* » (149). Il vaut mieux s'assimiler aux

---

146) Bertrand GEAY, « Du « cancre » au « sauvageon ». Les conditions institutionnelles de diffusion des politiques d'« insertion » et de « tolérance zéro » », Actes de la recherche en sciences sociales, 2003/4, n° 149.

147) Étienne DOUAT, La construction de l'absentéisme scolaire comme problème de sécurité intérieure dans la France des années 1990-2000, Médecine & Hygiène | « Déviance et Société », 2007/2 Vol. 31 | pages 149 à 171, https://www.cairn.info/revue-deviance-et-societe-2007-2-page-149.htm.

148) Étienne DOUAT, L'absentéisme scolaire : une étude sociologique, Th. sociologie, Paris 5, 2005.

149) Aurélien LANGLADE, Keltoume LARCHET et Sahana RATTINAM, Les homicides commis par des mineurs : cadres explicatifs et enjeux criminologiques, AJ pénal 2025. 224.

meilleurs groupes possibles. En principe l'école en offre aux jeunes soucieux de la fréquenter assidûment.

B. – L'absentéisme scolaire comme engrais des forfaits.

153. – Pour commettre des infractions, les jeunes délinquants ont besoin de disposer de temps libre. Ils s'en offrent en s'absentant de l'école. L'on se demande pourquoi donc choisissent-ils l'absentéisme. Sans compter que celui-ci pourrait ne pas conduire à la délinquance.

1. – La pluralité de motifs de l'absentéisme scolaire.

154. – Originellement, les autorités publiques redoutaient la déscolarisation parce que nuisant aux chances d'insertion professionnelle des déserteurs de salles de classe (150). Or l'on « se *préoccupe de plus en plus aujourd'hui de l'absentéisme essentiellement au nom de son lien réel ou supposé avec la délinquance ou les « incivilités »* » (151).

155. – L'une des preuves de cette affirmation est la proclamation gouvernementale selon laquelle : « *l'École ne laissera plus aucun élève courir le risque de la déscolarisation, prélude à la désocialisation et, parfois même, à la délinquance* » (152).

---

150) Clotaire MOULOUNGUI, L'absentéisme dans les formations, préf. Catherine COUTURIER, Didactijuris, 2025.

151) Étienne DOUAT, La construction de l'absentéisme scolaire comme problème de sécurité intérieure dans la France des années 1990-2000, Médecine & Hygiène | « Déviance et Société », 2007/2 Vol. 31 | pages 149 à 171, https://www.cairn.info/revue-deviance-et-societe-2007-2-page-149.htm.

152) Circulaire interministérielle n° 2014-159 du 24 décembre 2014 relative à la prévention de l'absentéisme scolaire, BOEN n° 1, 1er janv. 2015.

156. – Le Parlement, lui aussi, établit un lien entre l'absentéisme scolaire et le banditisme. De sorte que la loi relative à la prévention de la délinquance ouvre aux maires la faculté de recommander un accompagnement parental aux représentants légaux des mineurs à cause desquels « *l'ordre, la sécurité ou la tranquillité publics sont menacés à raison du défaut de surveillance ou d'assiduité scolaire* » (153).

157. – Mais pourquoi donc ces jeunes sèchent-ils les cours, et ensuite se livrent à des larcins ? Il semblerait que la pauvreté de la famille influe fortement dans une pareille substitution d'activités. De plus, la pauvreté économique chemine de concert avec la pauvreté intellectuelle (154). L'une et l'autre s'influencent ; surtout pour le pire. Il est néanmoins précisé que : « *la culture a un impact sur la pauvreté ; mais pas à cause d'une culture de la pauvreté* » (155).

158. – L'absentéisme scolaire repose par ailleurs sur l'inutilité apparente de l'école (156). Mieux, à croire une revue de lecture (d'une enseignante-chercheure), les absentéistes sont souvent les cadets de fratries dont les aînés relèvent de la

---

153) Code de l'action sociale et des familles, art. L141-2. Issu de la loi n° 2007-297 du 5 mars 2007 relative à la prévention de la délinquance, art. 9. Puis, si nécessaire, le président du conseil départemental devait reprendre le dossier de la famille récalcitrante en vue d'une « *mesure d'accompagnement en économie sociale et familiale* ». Une immixtion assumée dans l'usage des revenus peut-être exclusivement publics de cette famille.

154) https://www.lorientlejour.com/article/1018085/et-si-la-veritable-pauvrete-etait-la-misere-intellectuelle-.html.

155) Michael WALTON, La culture a un impact sur la pauvreté ; mais pas à cause d'une culture de la pauvreté, https://shs.cairn.info/revue-afrique-contemporaine1-2008-2-page-133?lang=fr.

156) https://www.maxpiccinini.com/pourquoi-lecole-ne-sert-plus-a-rien-5-raisons/

malheureuse catégorie des diplômés chômeurs (157). Ces cadets doutent conséquemment de l'intérêt de fréquenter avec assiduité les bancs des lycées et collèges.

159. – Ainsi que l'ont écrit deux députés, dont une professeure des universités, « *l'absentéisme, qui est le fait de mineurs ne trouvant pas leur place dans l'institution* » (158). Dans ces conditions, et faute de sources honnêtes et consistantes de revenus, ils optent pour la petite délinquance ; tout au moins pour commencer.

160. – Ainsi, dans les quartiers populaires, le découragement scolaire et l'abandon des études relèvent de l'ordre des choses. Apparemment, les élèves de ces milieux-là souffrent d'un déterminisme social les rendant moins efficaces dans les apprentissages que les jeunes des catégories sociales aisées (159). C'est une constatation également faite en Espagne (160).

161. – En outre, être basané prédispose selon toute apparence à l'échec scolaire et, sûrement, à subir la discrimination. En clair, « *tout se passe comme si chez les étudiants d'origine populaire, c'étaient les enfants d'immigrés originaires du Maghreb ou d'Afrique, dont les parents sont deux fois plus*

---

157) Maryse ESTERLE-HEDIBEL, absentéisme, déscolarisation, décrochage scolaire, les apports des recherches récentes, Médecine & Hygiène, Déviance et Société », 2006/1 Vol. 30, pages 41 à 65, https://www.cairn.info/revue-deviance-et-societe-2006-1-page-41.htm).

158) Jean-Pierre BALDUYCK et Christine LAZERGES, Réponses à la délinquance des mineurs, RSC 1998. 610.

159) DUBET, DURU-BELLAT, 2000, préc. 104-105).

160) Garcia GRÀCIA, 2003, 11 ; cité par Maryse ESTERLE-HEDIBEL, absentéisme, déscolarisation, décrochage scolaire, les apports des recherches récentes, Médecine & Hygiène, Déviance et Société », 2006/1 Vol. 30, pages 41 à 65, https://www.cairn.info/revue-deviance-et-societe-2006-1-page-41.htm.

souvent ouvriers non qualifiés ou sans profession que la moyenne, et quasiment jamais cadres ou professions intermédiaires, qui étaient les moins assidus et présents à l'examen » (161).

162. – Heureusement que les enseignants se mobilisent contre les stéréotypes, et (ils) se montrent partisans du progrès au moyen du mérite républicain (162). Pour leur part, les journalistes et les personnalités politiques de droite vont au-delà de la constatation d'un lien (presque de causalité) entre l'absentéisme scolaire et la délinquance juvénile. Ils rajoutent parfois l'existence d'une influence intrinsèque et délétère des quartiers populaires.

163. – Là-bas, les parents seraient trop souvent défaillants, c'est-à-dire « *volontairement démissionnaires* » (163) ; tautologie bien sûr (164). L'idée est que (livrés à eux-mêmes) leurs enfants rechigneraient alors, sans crainte, à aller se soumettre aux (difficultés des) apprentissages scolaires. À croire précisément un trio d'auteurs, « *une personne qui naît dans une famille pauvre, habitant un quartier défavorisé, aura plus de risque d'avoir un contrôle social formel et informel*

---

161) Charles SOULIÉ, L'adaptation aux "nouveaux publics" de l'enseignement supérieur : auto-analyse d'une pratique d'enseignement magistral en sociologie, Presses de Sciences Po (P.F.N.S.P.) | « Sociétés contemporaines », 2002/4 no 48 | pages 11 à 39, https://www.cairn.info/revue-societes-contemporaines-2002-4-page-11.htm).

162) « *D'une manière générale, le concours d'agrégation [des facultés de droit] constitue un bel exemple des concours à la française, illustration du mérite républicain, qui doit absolument être conservé... voire étendu à d'autres disciplines !* » (Rémy CABRILLAC, Retour sur le concours d'agrégation de droit privé et sciences criminelles, D. 2024. 1456).

163) Judith ROCHFELD, Contrat de responsabilité parentale, RTD civ. 2006. 395).

164) Puisqu'une démission (une renonciation) forcée serait plutôt une extorsion.

moins développé pouvant favoriser le comportement criminel » (165).

164. – Voilà pourquoi les « *internats d'excellence* » que Nicolas SARKOZY avait autrefois fait miroiter auraient pu aider nombre de jeunes désireux d'étudier et de s'extraire de leur apparente destinée (166). C'est du reste contre une pareille assignation (identitaire, géographique, culturelle, etc.) que le président Emmanuel MACRON a toujours prétendu lutter en renforçant l'égalité des chances (167). Justement, encore faut-il que les intéressés veuillent bien saisir leur chance (168). Dans ce cadre, l'absentéisme est un coup porté à soi-même.

2. – L'effet de l'absentéisme sur l'oisiveté et la pauvreté.

170. – Peut-on attendre du bon de la part d'enfants qui désertent les bancs de l'école pour des endroits où ils ne devraient pas se trouver ? Poser cette question (désespérée ou désespérante) revient nécessairement à confesser un préconçu sur la réponse attendue. Laquelle soupçonne de tels enfants de manquer d'éducation de base. Une éducation qu'ils ne sauraient

---

165) Aurélien LANGLADE, Keltoume LARCHET et Sahana RATTINAM, Les homicides commis par des mineurs : cadres explicatifs et enjeux criminologiques, AJ pénal 2025. 224.

166) Séverine BRONDEL, Mesures annoncées pour une égalité réelle, AJDA 2008. 2371.

167) Cour administrative d'appel de Lyon, 17 juin 2021, Le contrôle de l'assignation à résidence peut inclure des enfants mineurs, AJDA 2021. 2498.

168) https://www.lemonde.fr/politique/article/2021/01/15/macron-veut-relancer-l-egalite-des-chances_6066399_823448.html. Voir auparavant la loi « Macron » n° 2015-990 du 6 août 2015 pour la croissance, l'activité et l'égalité des chances économiques.

rattraper en squattant des halls d'immeubles, ou bien en fréquentant des terrains vagues, ou encore en déambulant dans les rues et places (169). C'est ainsi que la pratique de l'école buissonnière présagerait la naissance du sauvageon, de même que son engagement dans la voie délictueuse.

171. – En tous cas, l'absentéisme offre de nombreuses perspectives d'amusement. De plus, des gains adviennent aux intéressés grâce à de menus larcins ou à des trafics davantage criminels. Cette vision amalgamée de la pauvreté, de l'absentéisme et de la délinquance est dite *"réactionnaire" ;* ce serait un *"snobisme de classe"* (170). Précisément, l'absentéisme des enfants des beaux quartiers n'est presque jamais stigmatisé par les médias.

172. – À croire la majorité parlementaire du président Nicolas Sarkozy, l'absentéisme devait être regardé comme *"un fléau social"* appelant « *des mesures de protection collective* » de nature à résorber l'insécurité et la délinquance (171). C'est une différence par rapport à une époque où l'élève absentéiste constituait une victime à protéger (172).

173. – L'élève absentéiste et, plus encore, l'élève déscolarisé s'ennuie ; probablement par manque d'activité dans sa

169) https://www.resovilles.com/retour-sur-la-penalisation-des-attroupements-dans-les-parties-commune-afd/ ; https://rmc.bfmtv.com/actualites/societe/c-est-un-enfer-ils-passent-leurs-nuits-dans-leur-hall-d-immeuble-pour-eviter-d-etre-squattes_AV-202302090267.html.

170) https://www.questionsdeclasses.org/conscience-de-classe-vs-colere/

171) André LEGRAND, La sanction de l'absentéisme scolaire, La Semaine Juridique Administrations et Collectivités territoriales n° 39-40, 27 septembre 2010, act. 686.

172) Il s'agit alors dorénavant « *de mieux les repérer et de les surveiller* » (Julie COURONNÉ, Le traitement des manquements à l'obligation scolaire : enjeux et recompositions entre Éducation nationale et Protection de l'enfance, Th. Sociologie, Paris CNAM, 2015).

journée. Il se retrouve donc en situation d'oisiveté. Or, avait soutenu un auteur d'autrefois (sans doute partisan de l'intégration sociale) : « *L'oisiveté est la mère de tous les vices* » (173). Par conséquent, la personne qui se jetterait à corps perdu dans le travail (au point peut-être de s'abrutir) oublierait temporairement ses soucis divers de même que ses fantasmes délictueux.

174. – Des recherches (beaucoup plus récentes) ont conclu que le taux de délinquance diminuerait de moitié pour les décrocheurs scolaires qui se raccrochent à un travail rémunéré (174). Dans ces conditions, un reflux de la délinquance des jeunes devrait découler du succès actuel de l'apprentissage (175).

175. – Les enfants des classes supérieures, lesquels habitent les beaux quartiers, échappent-ils pour autant à la tentation de l'absentéisme ? Aucune réponse scientifiquement étayée n'existe ; parce que l'absentéisme scruté par les chercheurs est plutôt celui des zones d'éducation prioritaire (176).

176. – Ce manque d'enquête s'explique peut-être aussi par l'impression de petitesse de l'échantillon utilisable. De plus, les jeunes bourgeois ne vivent pas sans argent dans de petits logements surpeuplés. Même si « *naître avec une cuillère en*

---

173) C'est Alexandre DUMAS (fils). Son père, Thomas Alexandre Davy de La Pailleterie, dit le général Dumas, fut le premier mulâtre à devenir général de l'armée française. Mais il aura ensuite souffert (beaucoup plus que d'autres) de l'épuration que l'armée a connue sous le Consulat. Il mourut ruiné. Curieusement, son richissime fils ne se révéla nullement très économe…

174) PRONOVOST, LEBLANC, in JANOSZ et LE BLANC, 1996, 65.

175) Sébastien BOTERDAEL, Le cadre juridique de l'apprentissage depuis 2018 : désentraver, libéraliser, réguler, Droit social 2025. 307.

176) Idem.

argent dans la bouche ne signifiera plus que l'on pourra la garder » (177). Il n'empêche qu'aux rues et places, ces absentéistes-là préféreront leurs piscines privées, leurs courts de tennis, leurs home-cinéma, etc.

177. – À supposer qu'ils en sortent (pour des lieux publics), ce sera pour des sites et des occupations inaccessibles aux pauvres ; parce que payants (restaurants, pubs, cafés, cinémas, etc.). L'idée est que ces jeunes-là aussi se causent personnellement du tort en boudant l'école. Toutefois, eux au moins ne troublent pas l'ordre public (178).

178. – Le temps libre procuré par l'échec scolaire et l'abandon consécutif des études préoccupent les services sociaux et les forces de l'ordre. Celui des adultes défavorisés suscite également l'inquiétude. Car, pense-t-on, les pauvres s'adonneront (en public) à des beuveries, à des outrances, voire à de plus graves agissements réprouvés par le droit pénal (179). Au contraire, les riches (eux) iront en villégiature pour profiter du temps libéré.

---

177) Jérémy HOUSSIER et Valérie AVENA-ROBARDET, Le privilège des derniers nés, AJ fam. 2018. 135.

178) Le lecteur rétorquera à juste titre que les forces de l'ordre (les CRS et les gendarmes mobiles) se retrouvent bien souvent aux prises avec des jeunes prétendument intégrés que l'on accuse d'appartenir à l'extrême-gauche. Cf. Olivier LE BOT, Loi anti-casseurs : censure des interdictions administratives de manifester, Constitutions 2019. 241.

179) Nicolas BAVEREZ, cité Étienne DOUAT, La construction de l'absentéisme scolaire comme problème de sécurité intérieure dans la France des années 1990-2000, Médecine & Hygiène | « Déviance et Société », 2007/2 Vol. 31 | pages 149 à 171, https://www.cairn.info/revue-deviance-et-societe-2007-2-page-149.htm.

§ 2. – La fermeté voulue contre les mineurs

182. – « *La jeunesse fait peur par son caractère déviant et la nature des réponses à lui apporter fait polémique : la répression s'oppose à l'éducation* » (180). L'auteur de cette phrase l'a écrite dans un article où il se demande si la réparation pénale ne serait pas une nouvelle utopie. D'ailleurs, peut-être doit-on y inclure la fermeté recherchée notamment dans la tolérance zéro et dans l'encadrement militaire des jeunes déviants (A.). Mais de pareilles mesures apparemment anti-jeunes déplaisent à la Gauche. Elle les démonte alors à l'envie (B.).

A. – La tolérance zéro et l'encadrement militaire

183. – La fermeté recherchée contre les mineurs délinquants conduit à négliger dorénavant la rééducation de ces derniers. La sévérité des autorités prend alors diverses formes, dont l'amende, le couvre-feu et l'apprentissage.

1. – Le recul de la rééducation au profit de la fermeté.

184. – Il convient d'emblée de reconnaître que Jules FERRY et ses divers successeurs n'ont certainement jamais osé espérer nos actuels taux (si élevés) de scolarisation et de réussite au bac. Il se trouve que l'instruction (l'éducation) parvient à son apogée en France. Et pourtant la délinquance juvénile subsiste. Dans ces conditions, songer à une philosophie de rechange (à cette l'école civilisatrice ou pacificatrice) ne se comprendrait-il pas ? Peut-être la nouvelle prise en charge des

---

180) Jeanne CLAVEL, La réparation pénale : une nouvelle utopie ? AJ pénal 2012. 326.

jeunes délinquants se révèlerait-elle plus efficace que l'éducation et la rééducation aujourd'hui prônées.

185. – De fait, le personnel politique (surtout dans l'opposition) dénonce la quantité (massive) et la gravité (effrayante) des infractions des jeunes. Dans la foulée, ces politiciens fustigent tout autant le (prétendu) laxisme des magistrats (181). Quelques uns d'entre eux donnent même à la justice pénale le sobriquet de *''porte tournante''* ; vu que les prévenus y entreraient pour aussitôt en ressortir, après un tour de la porte sur elle-même.

186. – Au fond, à partir de quand les autorités publiques devraient-elles prendre les mesures abortives de la délinquance des enfants ? Réponse : le plus tôt possible. À cet égard, le Président Nicolas SARKOZY avait choqué en suggérant d'identifier les ferments de la délinquance dès les classes maternelles. Après tout, la croyance populaire et le cinéma hollywoodien parle bien de tueurs nés (182).

187. – Cette personnalité était convaincue de « *la nécessité de renforcer le travail local de repérage des populations et comportements «à risques» au niveau de l'institution scolaire* » (183). En réponse, l'on s'en sera ému ; ou bien l'on aura moqué une semblable volonté « *de détecter dès la plus tendre enfance les signes annonciateurs de la sauvagerie* » (184). Mais, encore une fois, jusqu'à quand attendre nonchalamment la survenue de la déviance des mineurs...

---

181) Christian GUÉRY, Une détention provisoire exceptionnelle... mais souhaitable, AJ pénal 2004. 238.

182) https://explicationdefilm.com/2023/12/28/tueurs-nes/

183) https://www.nouvelobs.com/societe/20081201.OBS3496/quand-sarkozy-voulait-detecter-les-troubles-du-comportement-chez-l-enfant.html.

184) Félix ROME, « Alertez les bébés ! », D. 2008. 2993 ; Catherine MÉNABÉ, Vers une théorie générale de la criminologie préventive, Répertoire de droit pénal et de procédure pénale/ Criminologie, octobre 2019.

188. – Au début du siècle, la Revue administrative avait dénoncé « *l'indifférence générale* » à l'égard de la « *déscolarisation rampante* » des mineurs (à Paris et en province). Compte tenu d'une telle tolérance coupable comment donc s'étonner de la prolifération de la délinquance des intéressés. Effectivement : « *on forme des bandes, on aide des trafics organisés (le jeune de 12 ans fait le guet pour des dealers, et est payé pour faire le guet), on prend part à des trafics de drogue, à des vols de voitures, à des violences organisées (rackets), à des vols de commerçants, à des cambriolages* » (185). Or, était-il rajouté, l'État dispose de moyens pour obtenir le respect de l'obligation scolaire.

189. – Selon le criminologue américain George KELLING, un immeuble vandalisé attirera bientôt de nouveaux vandales. Oui, si une première vitre a été fracassée, les autres subiront bientôt le même sort. C'est la théorie de la vitre brisée (186). Dans ces conditions, afin de parvenir à obvier le risque de propagation, l'on devrait s'empresser de remplacer le carreau dès constatation de son bris.

190. – Une précaution similaire semble manifestement compréhensible en matière de lutte contre la délinquance juvénile. C'est-à-dire qu'à la moindre incivilité (comme l'on dit pudiquement), la réplique devrait être l'oxymore « *tolérance zéro* ». Au fond, depuis des siècles, les fabulistes (notamment Ésope puis Jean de LA FONTAINE) enseignent que : « *Qui vole*

---

185) J. C. Affaires sociales : Un problème d'avenir : l'absentéisme scolaire, La Revue administrative, 55e Année, n° 328 (juillet-août 2002), pp. 400-402, Presses Universitaires de France, https://www.jstor.org/stable/40774834.

186) Il préexiste la même théorie en économie, laquelle a été inventée par Frédéric BASTIAT. Son idée étant que des acteurs économiques interviendront et s'enrichiront à l'occasion du remplacement de la vitre brisée : le fabriquant, le transporteur, l'installateur.

un œuf vole(ra) un bœuf ». Dès lors, vite réagir contre l'auteur lui évitera de s'installer dans la délinquance. En effet, il prendrait position sur la pente d'un toboggan criminogène le faisant glisser des contraventions aux délits, puis aux crimes.

191. – En résumé, est-il dit : « *le principe de tolérance zéro doit être appliqué à tous les faits, mêmes mineurs, qui non seulement dérangent les « honnêtes gens » mais aussi donnent la conviction aux délinquants qu'ils ne seront pas inquiétés* » (187).

192. – Pour convaincre de l'adéquation de ce principe (de réaction systématique aux déviances), les gens de Droite renvoie inlassablement à un maire de New York (Rudy GIULIANI). Il aura en effet appliqué la « *tolérance zéro* » dans l'espoir de rendre beaucoup plus vivable l'ancienne « *Nouvelle-Angoulême* » (188).

193. – Encore que lui-même aura parfois violé la loi ; ne serait-ce que par la diffamation d'agents d'un bureau électoral (189). Avant de s'émouvoir ou de s'en s'offusquer, notons que si notre propre vie était passée au crible (par des enquêteurs judiciaires) des infractions enfouies émergeraient sûrement.

---

187) France PARAMELLE, La lutte contre le crime à New-York, Rudolph Giuliani : un homme, une volonté, L'Harmattan, 2009 ; Oona AH-THION, La lutte contre le crime à New-York (présentation du livre), RSC 2009. 1003.

188) La Grosse Pomme s'est successivement dénommée : Nouvelle-Angoulême ; New Amsterdam ; puis New York.

189) Cet ancien maire de New York (1994-2001) aura agi pour complaire à Donald Trump, candidat malheureux à sa propre réélection. C'est en l'occurrence une courtisanerie délictueuse qui lui fera verser 150 million d'euros de dommages-intérêts aux victimes de sa calomnie (https://www.lemonde.fr/international/article/2025/01/11/etats-unis-rudy-giuliani-l-ancien-avocat-personnel-de-donald-trump-de-nouveau-condamne-pour-diffamation_6491904_3210.html). Son action municipale s'était achevée en 2001.

D'ailleurs, comme disait un célébrissime prophète : « *Que celui qui n'a jamais pêché jette la première pierre* ».

194. – En tous cas, les gouvernements (de Droite) ont de plus en plus donné le primat à la sanction et, par conséquent, négligé la rééducation. Concernant l'absentéisme scolaire, l'intérêt de l'enfant aura alors cessé de constituer la préoccupation fondamentale (190). Pourtant la punition infligée à l'enfant devrait toujours s'accompagner d'une leçon de morale. C'est une sorte de « *en même temps* ». Or cette position duale et conciliatrice pâtit souvent de quolibets ; même à l'égard d'œuvres de fiction (191).

195. – L'homme de la rue considère que la justice devrait toujours sanctionner vite et fort ; de façon à faire passer aux délinquants l'envie de persister dans la perpétration d'actes délictueux. Autrement dit, grâce à la certitude et à la promptitude de la sanction, le désistement volontaire permanent s'envisagerait fort bien. À l'inverse, cet espoir demeurera illusoire aussi longtemps que des peines ne s'abattront pas vite et lourdement (192).

196. – Dès lors, les piliers des bars et cafés, désormais redéployés et démultipliés sur Internet, vilipendent sans retenue nos

---

190) C'était par exemple le sens de la loi n° 98-1165 du 18 décembre 1998 qui traite de l'éducation dans la famille.

191) « *Le message du film, plus que louable, à savoir privilégier la réinsertion que la sanction, n'est pas suffisamment distillé de manière subtile, et se présente souvent comme une leçon de morale plutôt que comme une leçon juridique ou sociale emportant la conviction du spectateur* » (Marie-Odile DIEMER, Procès pénal et cinéma : un sujet à bout de souffle ? À propos du film Je le jure de S. Theis, D.A. 9 avril 2025).

192) Stéphane LEMAN-LANGLOIS, Doob et Carla CESARONI, Responding to Youth Crime in Canada, RSC 2005. 445.

autorités publiques regardées comme laxistes (193). Le leitmotiv de ces critiqueurs est précisément « *la prison pour tout et pour tous* ». Une prison devant nécessairement apparaitre (aux futurs délinquants) comme épouvantable. Sinon elle ne constituerait point un épouvantail, un repoussoir.

197. – Cette philosophie de la rigueur maximale aura justifié la mise au pilori du directeur de la prison de Fresnes en août 2022. Car il avait eu la faiblesse de fournir des karts (des kartings) à des jeunes prisonniers, pour leur permettre de s'évader, certes un laps de temps seulement, et en pensée uniquement (194).

198. – Cela dit, en pratique (et en théorie), les jeunes délinquants bénéficient (plus que les adultes) de mesures alternatives à l'incarcération (195). Or beaucoup de gens (de Droite) préféreraient pour tous des peines effectives de privation de liberté. Serait-ce pour un emprisonnement de courte durée (196).

---

193) https://www.lejdd.fr/Societe/carcerophobie-une-etude-choc-devoile-letendue-du-laxisme-judiciaire-en-france-154238.; https://www.lefigaro.fr/lefigaromagazine/qui-va-reellement-en-prison-le-laxisme-de-la-justice-francaise-en-chiffres-20250124.

194) https://www.ouest-france.fr/societe/prison/karting-en-prison-a-fresnes-ce-que-contient-le-rapport-d-enquete-de-l-administration-penitentiaire-013a6a64-237a-11ed-bda5-2977ce526b0a; https://www.lefigaro.fr/vox/societe/karting-a-fresnes-prison-plage-20220823.

195) Lilitt KHANGELDIAN, Quelle orientation pour les mineurs délinquants ? Décider vite et bien ! AJ pénal 2025. 168 ; Pierre JANUEL, Les députés musclent les peines alternatives pour favoriser leur prononcé, D.A. 1 décembre 2020.

196) Julien MUCCHIELLI, Quelle réforme pénale l'Assemblée a-t-elle adoptée ? D.A. 9 juin 2014 ; Julie ALIX, Les hésitations de la politique criminelle, RSC 2013. 677

199. – La même année, les cinq candidats LES RÉPUBLICAINS pour devenir le représentant de leur partie politique LR à l'élection présidentielle (de 2022) se plaignaient tous de l'abrogation (socialiste) des courtes peines d'emprisonnement (197). Aussi promettaient-ils en chœur de les réinstaurer ; pour ensuite une application généralisée ; même et surtout aux infractions commises dans « *les territoires perdus de la République* » (198).

200. – L'extrême-droite a toujours partagé ce diagnostic sur l'insécurité ainsi que les réponses (*"rigoureuses en paroles"*) de la « *droite dite modérée* » (199). L'une et l'autre composent ensemble une majorité sécuritaire pour le pays (200).

201. – Vingt ans plus tôt, lors de l'élection présidentielle de 2002, la délinquance des mineurs avait aussi occupé une grande place au sein du thème plus général de l'insécurité (201).

---

197) Ces personnalités politiques étaient : Valérie Pécresse, Michel Barnier, Xavier Bertrand, Philippe Juvin, Éric Ciotti. Hélas pour eux, leur mouvement naguère populaire n'aura même pas réuni à obtenir 5 % des suffrages. D'où la ruine du parti et de la candidate désignée, Valérie Pécresse.

198) https://www.lemonde.fr/m-le-mag/article/2021/01/08/les-territoires-perdus-de-la-republique-retour-sur-pres-de-vingt-ans-de-polemique-autour-de-la-laicite-a-l-ecole_6065657_4500055.html.

199) Gilles RICHARD, La renaissance de la droite modérée à la libération, La fondation du CNIP, Vingtième Siècle, Revue d'histoire, Année 2000, 65 pp. 59-69.

200) https://www.charentelibre.fr/politique/immigration-securite-le-vote-rn-est-de-plus-en-plus-un-vote-d-adhesion-au-programme-de-l-extreme-droite-21351453.php.

201) Piotr SMOLAR, Sécurité et délinquance : les leçons de 2002, https://www.lemonde.fr/societe/article/2007/03/09/securite-et-delinquance-les-lecons-de-2002_881143_3224.html. D'après cet auteur : « La campagne de 2007 n'est pas, comme la précédente, centrée sur l'insécurité. Mais les candidats ne négligent pas le sujet ».

Certains des candidats avaient envisagé (pour chaque adolescent) un carnet à points. Des points perdus à cause d'incivilités, mais ensuite regagnés en cas de bonnes actions.

202. – D'autres prétendants à la fonction suprême brandissaient plutôt l'éloignement des jeunes délinquants de leur zone de méfaits. En somme, les petits caïds devaient gagner des centres d'éducation renforcés. Sauf qu'aucune commune ne réclame ni ne souhaite de prison sur son territoire (202). Aujourd'hui, Saint-Pierre et Miquelon, de même que la Guyane, apparaissent idéaux pour le dépaysement et le transit des OQTF dangereux (203). En tous cas, cette élection de 2002 aura connu un « *vote autoritaire et xénophobe* » (204).

203. – Le Parlement a même récemment débattu d'une « *proposition de loi visant à restaurer l'autorité de la justice à l'égard des mineurs délinquants et de leurs parents* » (205). Car pour nombre de penseurs (plutôt de droite) la délinquance juvénile se nourrirait de la disparition quasi-générale de l'autorité chez les personnes physiques ou morales, privées ou publiques (206). Il y aurait une démission des détenteurs de l'autorité familiale, scolaire, administrative, judiciaire, etc.

---

202) Delphine BOESEL, Pourquoi enfermer mieux au lieu d'enfermer moins ? Les cahiers de la justice 2020. 17.

203) https://www.lemonde.fr/politique/article/2025/04/08/laurent-wauquiez-provoque-un-tolle-en-proposant-d-enfermer-les-etrangers-dangereux-sous-oqtf-a-saint-pierre-et-miquelon_6592809_823448.html.

204) Nonna MAYER, Les hauts et les bas du vote Le Pen 2002, Revue française de science politique, Année 2002, pp 505-520.

205) Pierre JANUEL, Les députés remanient la loi remaniant la justice des mineurs, D.A. 3 décembre 2024.

206) Des personnalités de gauche partagent le diagnostic et le remède. Par exemple : Jean-Pierre Chevènement ; Ségolène Royal ; Manuel Valls. Cet ébranlement de bonne attitude civique ou morale serait une onde de choc de mai 1968.

204. – Le concept de « *retour à l'autorité* » connaît conséquemment un regain d'intérêt. On aura par exemple pu dire que : « *Le retour d'une certaine autorité de l'État sur les entreprises s'accompagne d'un retour de l'autorité des chefs d'entreprise sur leurs salariés et sur leurs représentants* » (207).

205. – Dans une sorte d'heureux prolongement, les détenteurs de parcelles d'autorité sur les jeunes cesseraient d'attendre (nonchalamment) la survenue d'actes délictueux de leur part. Ils devraient au contraire s'activer pour les paralyser en amont ; un amont dès lors caractérisé par la discipline et le civisme.

206. – Voilà donc (re)venir la rumination d'un âge d'or mythique, un temps où dans les structures de formation les (chères) têtes blondes s'adonnaient paisiblement au travail scolaire prévu pour eux (208). Sauf que, années après années, leurs tignasses s'assombrissent (209) ; et peut-être leurs âmes aussi (210).

207. – Cette impression d'un confort de vie désormais progressivement compromis par des jeunes barbares est bien fausse. D'après un auteur, « *en portant un regard historique sur la question, on relève que ce spectre d'une intensification de la délinquance commise par des mineurs n'est pas nouveau, comme l'illustrent les expressions de « loubards » ou de «*

207) Emmanuel DOCKÈS, Le droit du travail dans l'affrontement des mondes possibles, Droit social 2018. 216.

208) Stéphane LEMAN-LANGLOIS, Doob et Carla CESARONI, Responding to Youth Crime in Canada, RSC 2005. 445.

209) https://www.slate.fr/story/216753/creolisation-concept-edouard-glissant-marotte-jean-luc-melenchon-france-insoumise.

210) Notre célébrissime MONTESQUIEU aura hélas pu écrire ceci : « *On ne peut se mettre dans l'esprit que Dieu, qui est un être très sage, ait mis une âme, surtout une âme bonne, dans un corps tout noir* » (https://www.philomag.com/articles/montesquieu-lavocat-du-diable).

blousons noirs » employées dans les années 1950 et 1960 » (211). Et au début du siècle dernier, l'on aura déplorés de jeunes apaches et Marlous.

208. – Il n'empêche que l'idée d'un accompagnement militaire des mineurs émerge régulièrement de l'esprit des commentateurs des faits divers impliquant des jeunes. Récemment (en août 2022 à Mayotte) un ministre de l'Intérieur (Gérald DARMANIN) l'avait encore appelé de ses vœux (212). Dans l'idéal, il s'agirait pour les militaires de regrouper les jeunes réfractaires à l'ordre dans des camps. Puis de leur inculquer le goût de l'effort et de la ponctualité ; de même que l'obéissance sans discussion aux règles.

209. – Naturellement, cet oubli du sens critique se situe à l'opposé de la finalité de l'école républicaine, laquelle n'entend nullement former de jeunes gens bêtes et disciplinés. Au demeurant, « *si les militaires souhaitent participer à la résilience nationale, ils n'imaginaient pas devoir bientôt gérer des centres de redressement pour jeunes à la dérive* » (213). D'où une déception quant aux résultats parfois obtenus (214). Plus encore, les remèdes attendus de l'appel au drapeau concernent des difficultés socioéconomiques trop complexes.

---

211) Aurélien LANGLADE, Keltoume LARCHET et Sahana RATTINAM, Les homicides commis par des mineurs : cadres explicatifs et enjeux criminologiques, AJ pénal 2025. 224.

212) https://www.lemonde.fr/politique/article/2022/08/22/darmanin-veut-un-encadrement-militaire-pour-les-mineurs-delinquants-dans-les-territoires-d-outre-mer_6138702_823448.html.

213) Nicolas BAROTTE, https://www.lefigaro.fr/politique/encadrement-militaire-des-delinquants-l-idee-accueillie-avec-reserve-par-l-armee-20220823.

214) « *L'historienne Bénédicte Chéron rappelle que les expériences successives d'encadrement de jeunes par des militaires ont rarement été concluantes* » (https://www.la-croix.com/Debats/militaires-encadrer-jeunes-mise-oeuvre-cette-idee-deja-fait-preuve-inanite-2022-08-25-1201230156).

210. – En voici quelques exemples : « *exclusion sociale, incivilités, individualisme, chômage des jeunes, analphabétisme, crise de l'autorité…* » (215). L'on ne saurait se rassurer en se répétant que, « *à l'impossibilité nul n'est tenu* » (216) ; car il y serait répondu que « *impossible n'est pas français* » (217). Certes, il a aussi plus modestement été suggéré que la police s'attaquât à l'absentéisme scolaire simplement en compliquant la déambulation illégitime des déserteurs scolaires (218).

2. – L'amende, le couvre-feu et l'apprentissage.

215. – Il est préconisé que les personnes choisissant de procréer assument les besoins de leurs enfants ; au moins en matière éducative. Une responsabilité civile et pénale s'ensuit alors. C'est-à-dire que, outre le versement de dommages-intérêts à la victime de l'enfant, ils ont éventuellement à supporter des amendes au profit de la collectivité, voire une peine d'emprisonnement.

216. – Certains parents protestent alors contre l'existence même de ce principe ; ou contre son maintien. La raison est qu'ils ne disposent d'aucun outil pour obliger leurs enfants à obéir et à

---

215) Jean-Philippe LECOMTE et Diane ROMAN, L'appel au drapeau : l'armée et les politiques d'insertion sociale de la jeunesse, RDSS 2007. 60).

216) Laurence GAREIL-SUTTER, Motif légitime de refus d'une expertise biologique : à l'impossible, nul n'est tenu, D.A. 4 janvier 2021.

217) RÉDACTION, Nullité d'une citation visant la totalité d'un ouvrage sans préciser les faits visés, Légipresse 2019. 200 : « *la poursuite commence par le terme « Avertissement », soit le tout début du livre, jusqu'à la phrase « Impossible n'est pas français », soit la dernière ligne du propos conclusif, ce qui représente donc 122 pages de propos* ».

218) RÉDACTION, Un problème d'avenir : l'absentéisme scolaire, La Revue administrative, 55e Année, n° 328 (juillet-août 2002), pp. 400-402, Presses Universitaires de France, https://www.jstor.org/stable/40774834).

se comporter sagement. Surtout qu'il est dorénavant interdit de molester son enfant pour l'éduquer ou pour s'assurer de son assimilation des bonnes manières (219). Les autorités fondent les plus grands espoirs dans des stages de responsabilité destinés aux parents eux-mêmes (220).

217. – Depuis longtemps désormais, le manquement à l'obligation d'assiduité scolaire est pénalement sanctionné d'une amende de la quatrième classe des contraventions (221). Le montant prévu est donc actuellement de 750 euros (222). En l'occurrence, ce n'est pas l'enfant qui est visé par le Code pénal, mais plutôt (comme disent les civilistes) « *ses père et mère* ». On supposera qu'il y a cependant une condition d'exercice de l'autorité parentale par l'adulte inquiété.

218. – En fait, toute personne en ayant l'exercice pourrait subir la condamnation pénale. Déjà apparaît comme suffisant l'exercice d'une *« autorité de fait de façon continue »* (223). Au moins les intéressés ne pourront-ils se plaindre d'être tenus à l'improviste, d'être pris en traître. D'ailleurs, « *nul n'est censé ignorer la loi* » (224).

---

219) Helena BARGHOLTZ, La large prohibition européenne des châtiments corporels infligés aux enfants, AJ fam. 2005. 221 ; Martine HERZOG-EVANS, Châtiments corporels : Vers la fin d'une exception culturelle ?, AJ fam. 2005. 212 ; Edwige ANTIER, La justice à la croisée des savoirs - Réflexion sur les châtiments corporels infligés aux enfants et leur interdiction par le droit, Les cahiers de la justice 2011. 107.

220) Florian WATIER, Parents d'enfants délinquants : regard critique sur la responsabilité pénale et la « responsabilisation parentale », AJ fam. 2025. 162 ; Salomé PAPILLON, Loi Attal sur la délinquance des mineurs : des parents plus responsables ? AJ fam. 2025. 390.

221) Code pénal, article R624-7, alinéa 1.

222) Code pénal, article 131-13.

223) Code pénal, article 227-17-1.

224) Michel DOBKINE, Nul n'est censé ignorer que la loi est... abrogée, D. 2002. 1225.

219. – Pire, l'adulte pourrait se trouver prévenu de s'être soustrait « *sans motif légitime, à ses obligations légales au point de compromettre la santé, la sécurité, la moralité ou l'éducation de son enfant mineur* » (225). Or, par exemple, l'enfant voleur ou bien violeur manquera à l'évidence de l'éducation souhaitable ; il aura à minima adopté un comportement immoral. Le parent en cause subira au maximum une peine « *de deux ans d'emprisonnement et de 30 000 euros d'amende* » (226).

220. – Mais en cas de lien de causalité entre l'abandon (moral ou matériel) souffert par l'enfant délinquant et son infraction, le risque pénal augmente ; il vient d'être accru par la loi ATTAL (227). Encore que sa mise en œuvre soit de nature à susciter un certain contentieux. Car plusieurs facteurs joueront souvent dans la survenue de l'évènement infractionnel déploré, sans tous être imputables à l'adulte défaillant.

221. – Dès lors, « *comment être certain que la soustraction aux obligations parentales a conduit à la réalisation d'un crime ou de plusieurs délits ? S'il ne peut être exclusif, le lien de causalité devra-t-il au moins être direct ? Force est de constater que le texte ne s'embarrasse d'aucune exigence de gravité ou de répétition. Cet article peine à conjuguer les exigences du principe de légalité* » (228).

222. – Pour finir, une direction supplémentaire est suggérée en vue de responsabiliser les parents. En effet dit-on : « *La*

---

225) Code pénal, article 227-17.

226) Idem.

227) Code pénal, article 227-17 ; Salomé Papillon, Loi « Attal » sur la délinquance des mineurs : des parents plus responsables ? AJ fam. 2025. 390.

228) Idem.

suppression des allocations familiales est le moyen le plus sûr » (229). Certes, selon une auteure, une telle mesure semble se situer à l'opposé de « *nos principes fondamentaux et, en particulier, de l'exigence constitutionnelle de solidarité nationale en faveur des familles* » (230). L'on pourrait railler cette position doctrinale, parce que six mois plus tôt le Conseil d'État avait considéré comme erronée une telle objection contre la suspension des allocations familiales (231).

223. – Effectivement, cette juridiction suprême avait longuement démontré la conformité à la Constitution de la loi du 28 septembre 2010, dite "*Loi Ciotti*". En l'espèce, L'ASSOCIATION JUSTICE POUR TOUTES LES FAMILLES (AJPTF), entendait obtenir l'annulation de son décret d'application (232). Toutefois, dans un arrêt du 15 juin 2011, le Conseil d'État aura refusé la mise en œuvre de la QPC contre cette LOI CIOTTI (233).

224. – Par conséquent, une prochaine majorité de Droite pourrait reconduire le dispositif privatif d'allocations familiales aux élèves absentéistes. Du reste, lors des élections législatives de 2024, le Rassemblement National (RN) promettait le rétablissement de la loi Ciotti à son inspirateur, lequel était

---

229) RÉDACTION, Un problème d'avenir : l'absentéisme scolaire, La Revue administrative, 55e Année, n° 328 (juillet-août 2002), pp. 400-402, Presses Universitaires de France, https://www.jstor.org/stable/40774834).

230) Maryline BRUGGEMAN, La sanction de l'absentéisme scolaire, au cœur de l'ambiguïté de l'obligation scolaire, Droit de la famille n° 12, Décembre 2011, dossier 19.

231) Certes, une décision des juges, même d'une des plus hautes juridictions, ne saurait ôter aux analystes leur capacité et leur volonté de discuter le droit positif.

232) Le décret n° 2011-89 du 21 janvier 2011 relatif aux modalités de calcul de la part des allocations familiales suspendues ou supprimées en cas d'absentéisme scolaire.

233) CONSEIL D'ÉTAT, 15 juin 2011, n° 347581.

devenu un allié politique peut-être un peu controversé et destituable (234). Tous sont convaincus de la nécessité d'un large éventail de mesures coercitives.

225. – À cet égard, c'est généralement de nuit que surviennent les exploits malfaisants des mineurs ; c'est-à-dire pendant que les honnêtes gens s'abandonnent à un sommeil réparateur. Par conséquent, le couvre-feu (de 21 à 5 H du matin) contre ces garnements semble une bonne idée (235). D'ailleurs, le mois de juillet 2025 aura révélé combien la mesure était défendable. Car l'on aura enregistré une explosion de violences même dans des petites villes ; comme Nîmes, Béziers ou Limoges.

226. – En gros, « *face à ce qui apparaît notamment comme une extension des guerres de gangs jadis circonscrites aux grandes villes, certaines municipalités déclarent un couvre-feu pour les mineurs* » (236). En tout état de cause, le couvre-feu vient d'être consacré par une loi, puis par le Conseil constitutionnel saisi (vainement) contre celle-ci (237).

227. – Du moment que la tranquillité nocturne paraît techniquement (juridiquement) assurée par le couvre-feu, il

---

234) Brigitte CLAVAGNIER, Destituer le président... JA 2024, n°702, p.3.

235) Gilles ARMAND, Le couvre-feu imposé aux mineurs : une conception nouvelle de la sécurité, AJDA 2002. 351.

236) https://www.courrierinternational.com/article/vu-de-l-etranger-le-couvre-feu-pour-mineurs-reponse-desesperee-des-villes-francaises-aux-violences_233425. Il y a alors cette précision : « *Une mesure à l'efficacité incertaine, pour la presse étrangère* ».

237) « *Ont été maintenues en revanche les dispositions relatives au couvre-feu - qui répond à l'obligation de prévention des atteintes à l'ordre public, elle-même inscrite au sein de la Constitution - et à l'aggravation des peines des parents de mineurs en état de délinquance* » (Noélie COUDURIER, La justice des mineurs, un totem absolu, JA 2025, n°723, p.7).

faudrait sans doute se préoccuper de celle diurne. L'idée serait de remplir les journées des enfants par une activité professionnelle plus captivante que l'école. D'où l'appel à l'apprentissage (238). Or bien avant son actuel succès, il concernait (concentrait) les cancres. Et ceux-ci provenaient presque toujours des milieux populaires (239).

228. – Le personnel politique (de Droite) est allé jusqu'à suggérer l'abaissement (de 16 à 14 ans) de l'âge d'emprunt de cette voie professionnelle précoce (240). Une proposition prétendument faite pour le bien des jeunes eux-mêmes, à qui l'on évitait en effet la frustration de l'échec scolaire prévisible en cas de poursuite forcenée d'études généralistes et abstraites (241). Quinze ans c'est déjà une bonne moyenne.

229. – Au fond, la Droite hésite à dispenser de l'éducation juste pour le plaisir ; il faut que ce soit utile à la collectivité, et au moins à l'enfant lui-même (242). Le problème est cependant qu'il est commun de penser que l'obligation scolaire correspond à un droit et, aussi, à un devoir de tous les enfants

---

238) Il ne s'agit nullement de l'exploitation infantile éhontée d'autrefois. Aujourd'hui, « *les conditions de travail de l'enfant tant en termes de durée de travail et de repos que de prestation de travail exercée ou encore d'octroi de la rémunération sont encadrées* » (Maëlys GRANGE, Le travail de l'enfant dit influenceur : de quel droit ? Rev. trav. 2024. 308).

239) Madame Marine LE PEN a toutefois affirmé avoir envoyé son enfant en apprentissage (https://www.leparisien.fr/elections/presidentielle/vrai-faux-les-enfants-de-le-pen-ont-ils-vraiment-fait-leur-scolarite-dans-le-public-10-02-2017-6670632.php).

240) Nathalie BOURZAT ALAPHILIPPE, La règlementation publique relative au travail des mineurs, JS 2020, n°207, p.16.

241) https://www.rtl.fr/actu/politique/presidentielle-2017-pourquoi-marine-le-pen-defend-l-apprentissage-des-14-ans-7787197793.

242) Laurent GAMET, Théorie et pratique du droit du travail, Droit social 2025. 545.

vivant en France (243). Ils doivent en effet pouvoir recevoir un enseignement général avant d'avoir à se professionnaliser (244).

230. – Cela dit, ne pourraient-ils y revenir plus ou moins après l'accès à un métier ? Les jeunes concernés profiteraient dès lors du concept de « *formation tout au long de la vie* ». D'ailleurs, « *l'idée qu'un niveau de culture générale de base, non utilisé dans le cadre de l'entreprise, se maintient au fil du temps sans altération profonde est un leurre* » (245). Tout au moins pour la grande majorité des jeunes.

231. – Il paraît néanmoins contradictoire « *d'envisager, avec fatalisme, de les soustraire au plus tôt à cette même obligation* » (246). Certes, « *le jeune "perdu pour l'école" fut aussi, dès la fin du XIXe siècle, l'un des publics privilégiés de l'enseignement spécial* » (247). Au final, apprendre un métier et travailler de ses mains (re)gagne des lettres de noblesses (248). Ce que la Gauche admet du bout des lèvres.

---

243) Thomaïs DOURAKI, Droit à l'éducation des enfants d'immigrés en Europe, RMCUE 2004. 375.

244) Conseil d'État, 19 juillet 2022, Limites à la responsabilité de l'État pour non-scolarisation d'un enfant handicapé (n° 428311), Lebon 2022.

245) Paul SANTELMANN, Insertion et formation professionnelles des jeunes, Droit social 1993. 418.

246) Roger MONJO, L'école peut-elle être, à la fois, libératrice et obligatoire ?, Presses universitaires de Caen | « Le Télémaque », 2013/1 n° 43 | pages 87 à 102, https://www.cairn.info/revue-le-telemaque-2013-1-page-87.htm.

247) Bertrand GEAY, « Du « cancre » au « sauvageon ». Les conditions institutionnelles de diffusion des politiques d'« insertion » et de « tolérance zéro » », Actes de la recherche en sciences sociales, 2003/4, n° 149.

248) Bruno COQUET, L'apprentissage : le succès au prix fort, https://www.ofce.sciences-po.fr/pdf/ouvrage/2024-FR-09.pdf. https://www.caissedesdepots.fr/blog/article/pourquoi-lapprentissage-favorise-lemploi-des-jeunes.

B. – La critique de la rigueur contre les jeunes

242. – Tout le monde n'est pas convaincu par la pertinence d'une plus grande sévérité à l'encontre des jeunes délinquants. En tous cas les mérites de la prison sont largement déniés. De plus, il semblerait que l'insécurité générée par les mineurs ne serait pas aussi dramatiques qu'on le dit.

1. – Le doute sur les intérêts de l'emprisonnement.

243. – La majorité des Français réclament une législation pénale nettement plus rigoureuse à l'encontre des auteurs d'infractions. Une rigueur qui alors revêtirait la forme d'enfermements systématiques. Mais à coup sûr, ces citoyens intransigeants s'indigneraient paradoxalement de subir un jour eux-mêmes les sévères sanctions ainsi fantasmées à l'encontre d'autrui.

244. – D'ailleurs, sans doute les gens de Droite méditeront-ils à l'avenir la pertinence de la fermeté pénale qu'ils préconisent inlassablement. D'abord, parce que les vertus qu'ils prêtent à l'emprisonnement sont en réalité surfaites (249). Pour l'essentiel, la demande d'enfermements « *contente tous ceux qui pensent que la prison ne les concerne pas, ne les concernera jamais* » (250).

245. – Or beaucoup de leurs anciens leaders se rapprochent dangereusement des portes des pénitenciers (251). L'on ose

---

249) Stéphane LEMAN-LANGLOIS, Doob et Carla CESARONI, Responding to Youth Crime in Canada, RSC 2005. 445. Les gens n'en reviennent pas moins à la rescousse.

250) Delphine BOESEL, Pourquoi enfermer mieux au lieu d'enfermer moins ? Les cahiers de la justice 2020. 17.

251) Notamment Nicolas Sarkozy, François Fillon, Claude Guéant, Patrick Balkany, Marine Le Pen et ses lieutenants.

imaginer que nos SAINT-JUST du dimanche cantonneraient l'application de la rigueur pénale aux seuls pauvres, aux sans grade et aux adversaires politiques (252).

246. – Le refus de la prison pour soi-même s'explique facilement par les conditions inhumaines imposées aux prisonniers. À ce sujet, chacun devine que la vie y est probablement insupportable. Autrefois, pour en avoir le cœur net, divers auteurs auront (chacun pour sa part) visité des prisons (253). Cela étant, Le 20 août 2025, l'on a pu entendre sur les ondes, et lire dans les quotidiens que, compte tenu de conditions indignes de détention, « *la contrôleure générale demande la fermeture d'une prison pour mineur à Marseille* » (254).

247. – Même passer une seule semaine en prison (comme détenu) représente un véritable calvaire. Pour commencer, cette durée hebdomadaire paraît trop brève pour déjà avoir le droit à une douche. En effet, il faudrait attendre la semaine suivante. Certes, au centre pénitentiaire de Saint-Etienne - La

---

252) D'après ce révolutionnaire (robespierriste guillotiné à 26 ans), il fallait toujours trancher dans le vif contre les perturbateurs de la République (Julien JEANNENEY, Droit administratif et droit constitutionnel, RFDA 2025. 563). Il aura au moins été l'un des promoteurs du concept d'intérêt général.

253) Ce fut le cas de : Victor Hugo ; Honoré de Balzac ; Alexandre Dumas ; George Sand ; Prosper Mérimée ; Gustave Flaubert ; Stendhal (Michel Pierre, Imaginaire et mythologie des bagnes, Les cahiers de la justice 2020. 61).

254) https://www.lemonde.fr/societe/article/2025/08/29/prisons-la-controleuse-generale-preconise-la-fermeture-de-l-etablissement-pour-mineurs-de-marseille-en-raison-de-conditions-de-detention-indignes_6637080_3224.html; https://www.radiofrance.fr/franceinter/podcasts/l-info-de-france-inter/l-info-de-france-inter-3967520; https://www.ouest-france.fr/societe/prison/crasseuse-infestees-de-fourmis-faut-il-fermer-la-prison-pour-mineurs-de-marseille-d8f1af06-84b3-11f0-bcb7-e4ebd4c8350d;

Talaudière, et peut-être ailleurs aussi, il existe « *l'accès quotidien aux douches pour les femmes en période de menstruation* » (255).

248. – Ailleurs précisément, c'est bien vainement que l'Ordre des avocats de Limoges et la section française de l'Observatoire international des prisons auront demandé « *au juge des référés d'enjoindre l'administration de procéder à un remplacement des douches [trop vétustes] et d'assurer une distribution optimale d'eau chaude et froide dans toutes les parties de l'établissement* » (256).

249. – D'un autre côté, la cellule de prison accueille au moins trois détenus à la fois (257). Malheureusement, les WC se trouvent dans l'un des coins de cette pièce exigüe. De sorte que les prisonniers urinent ou défèquent sous le regard gêné de leurs compagnons d'infortune. Or peut-être certains d'entre eux seront-ils en train de déjeuner ou de dîner. Autant dire que l'intimité manque en prison, de même que toute vie sentimentale et/ou sexuelle (258).

250. – D'un autre côté, il est absolument difficile d'y dormir d'un sommeil réparateur. Car outre que le matelas et le linge reçus (en vue de gagner les bras de Morphée) seront d'une propreté douteuse, pendant toute la nuit divers bruits déchireront le silence espéré. Ils consisteront généralement en des

---

255) Conseil d'État 15 mai 2023, Quand la dignité des détenus s'arrête à la porte des mesures structurelles, AJ pénal 2023. 302.

256) Dorian GANDOLFO, Conditions matérielles de détention à la maison d'arrêt de Limoges, D.A. 9 janvier 2025.

257) Caroline FLEURIOT, L'interminable moratoire sur l'encellulement individuel, D.A. 21 octobre 2014.

258) TRIBUNAL ADMINISTRATIF DE NANTES, 25 octobre 2007, Acte sexuel au parloir : pas de faute disciplinaire sans exposition à la vue d'autrui, AJ pénal 2008. 43.

geignements de douleur ; en des explosions d'allégresse sportive ; en des cris de démence ; etc.

251. – Un ancien prisonnier a reconstitué une cellule dans un camping-car pour sillonner la France et donner à chacun (surtout aux jeunes) une idée, serait-ce partielle, de la vie en prison. Il l'appelle la « *grotte mobile* » (259). Peut-être les autorités publiques elles-mêmes devraient-elles se charger de cette pédagogie sur la réalité de la prison.

252. – Certes, des émissions de téléréalité reconstituent l'univers carcéral au profit de participants qui parfois paient pour vivre une expérience d'enfermement et de privation de liberté. Il arrive que l'immersion ait lieu dans un authentique pénitencier en fonctionnement (260). Mais c'est toujours pour une durée plutôt brève ; et le faux-prisonnier conserve la faculté de tout arrêter quand bon lui semble. Bien entendu, il en va différemment dans la vraie vie, sauf à songer à l'évasion.

253. – L'incarcération se révèle parfois pire que le mal initialement déploré. En effet, la prison ressemble à une école du crime. Ou bien, comme disait TOCQUEVILLE, c'est « *le noviciat de la récidive* » (261). Car les autres prisonniers seront souvent des repris de justice qui raconteront volontiers leurs coups réussis ou manqués, ainsi que la façon de procéder

---

259) Adama CAMARA : https://www.radiofrance.fr/franceinter/podcasts/carnets-de-campagne/carnets-de-campagne-du-mardi-17-juin-2025-1411129; https://www.sudouest.fr/justice/prison/avec-sa-grotte-mobile-il-veut-sensibiliser-les-jeunes-a-la-realite-de-la-vie-carcerale-25553184.php.

260) https://www.rtbf.be/article/etre-en-prison-avec-de-vrais-criminels-pendant-60-jours-c-est-la-nouvelle-telerealite-trash-aux-etats-unis-9227522

261) Volodia MIJUSKOVIC, Le détenu « acteur de sa détention » Les cahiers de la justice 2023. 309.

au mieux pour échapper à la répression pénale (262). Plus généralement, est-il soutenu : « *L'effet criminogène de la prison est largement constaté tant en France qu'à l'étranger* » (263).

254. – Bien entendu, ce ne sont pas forcément les codétenus qui motivent les récidives consécutives à l'incarcération. En effet, si d'une part le condamné n'a point reconnu sa faute, et donc la légitimité de sa peine, il s'enferrera dans des projets délictueux de vengeance contre la société (264). On pourrait ici comprendre l'idée de mesures de sûreté ; pour réaliser une surveillance active de l'intéressé (265).

255. – D'autre part, la prison retire à l'individu ses moyens de survie ; elle le prive de son travail ainsi que des perspectives professionnelles (266). De troisième part, les réseaux de solidarité du prisonnier auront disparu ; soit parce que distendus par le temps passé ; soit par rejet de « *la personne qui a fait de la prison* ». À ce sujet, « *le stigmate de la probation produit des effets analogues à ceux du stigmate*

262) Anne SIMON, La dystopie d'un monde sans peine, RSC 2021. 275.

263) Catherine MÉNABÉ, Comprendre la criminalité, in Répertoire de droit pénal et de procédure pénale, 2019, n° 114).

264) « *C'est aussi par vengeance contre une injustice initiale que certains requérants reviennent souvent devant le juge administratif. Le rancunier. Ces requérants se caractérisent en attaquant les décisions d'une même administration à laquelle ils veulent faire payer un précédent comportement* » (Fabrice LEMAIRE, Les requérants d'habitude, RFDA 2004. 554).

265) Cyrille DUVERT, Qu'est-ce qu'une peine ? D. 2020. 2407 ; Michel VERPEAUX, La censure de la création de mesures de sûreté à l'encontre des auteurs d'infractions terroristes, AJDA 2020. 2319.

266) David PAMART, Devant le juge, réhabilitation n'est pas amnésie, D.A. 20 mai 2025.

carcéral comme exclusion symbolique et pratique du monde social » (267).

256. – De quatrième part, les prisonniers étant (logiquement) mal soignés, leurs maladies psychiatries et leurs affections somatiques s'aggravent (268). En conséquence de quoi la prison rend à la société un individu qu'elle aura transformé en épave humaine (269).

257. – D'un autre côté, l'effet dissuasif des peines fulminées par le Code pénal se produit seulement à la marge ; surtout s'agissant des jeunes. D'abord, parce que chacun d'eux se figure pouvoir passer *''entre les gouttes''* ; c'es-t-à-dire que sa chance lui permettra de toujours échapper aux foudres de la loi (270).

258. – En vérité, il y a une méconnaissance (par la quasi-totalité de la population) des incriminations pénales, de leurs tarifs et de la jurisprudence correspondante. À cet égard, nul ne saurait sérieusement soutenir que les délinquants perpètrent leurs forfaits seulement après qu'ils se sont rassurés sur les risques encourus. Non, et déjà à supposer qu'ils sachent lire,

---

267) Olivier RAZAC, Fabien GOURIOU et Jérôme FERRAND, L'épreuve de la probation, Les cahiers de la justice 2020. 21.

268) Lucile PRIOU-ALIBERT, Prison et troubles mentaux : constat alarmant et perspectives d'évolution, D.A. 19 mai 2010.

269) Jean DANET, La notion d'état de santé et la détention en Europe, RSC 1996. 49.

270) Du reste, les malchanceux tombés dans les filets de la police ne subissent ensuite jamais les peines maximales prévue par le Code pénal.

les criminels endurcis et les criminels en herbe, n'utilisent pas le Code pénal comme livre de chevet (271).

259. – Peut-être les personnes instruites ou cultivées soupèsent-elles préalablement le risque pénal des agissements qu'elles se proposent de commettre. Il n'en demeure pas mois qu'existe une délinquance en col blanc et/ou celle en costume cravate (272). Le caractère dissuasif du tarif pénal reste par conséquent très douteux (273).

260. – Plus généralement, « *Dans tous les pays démocratiques, les doctrines pénales néolibérales et les théories de "tolérance zéro" sont abandonnées lorsqu'elles ont été expérimentées. En France, la politisation de la peur de la jeunesse sert de dérivatif aux crises sociale* » (274).

2. – L'exagération partisane (des causes) de l'insécurité.

271. – La Droite reproche inlassablement à la Gauche un angélisme envers les criminels. Pour celle-là, celle-ci se laisserait guider par une « *vision infantile de la délinquance des petits chenapans qui viennent jusque dans nos bras égorger nos fils et nos compagnes* » (275). En vérité, l'on

---

271) Pire, la connaissance des peines probables exciterait probablement les jeunes récalcitrants. Cela serait de nature à les inciter à davantage braver les interdictions (ridicules !) posées par les "*vieux*".

272) Laurent SAENKO, Délit de non-transmission de documents comptables à l'assemblée générale : le retard est-il punissable ? RTD com. 2025. 202.

273) Louise FINES, L'organisation des crimes en col blanc, Une gestion meurtrière, Paris, L'Harmattan, 2012, 231 pages.

274) Pierre JOXE, Droit des enfants : vers le modèle américain ? Les cahiers de la justice 2011. 5 ; Michaël HARAVON, Tolérance zéro : où en est le tout-carcéral en Angleterre et aux États-Unis ? D. 2013. 2235.

275) Félix ROME, « Alertez les bébés ! », D. 2008. 2993.

devrait enfermer moins ; « *sauf à écouter celles et ceux qui attisent la peur* » (276).

272. – Hélas, des (pseudos) enquêtes de la Droite concluent souvent à une augmentation des infractions commises par les jeunes et à une aggravation de la violence déployée par eux. Ensuite, des médias enthousiastes et complaisants relaient ces prétendues observations. À leur égard, que les statistiques officielles indiquent une réalité plus contrastées n'y change rien (277). C'est en quelque sorte une variante de l'opposition médiatico-politique entre le sentiment d'insécurité et la réalité de l'insécurité (278).

273. – Dans ce cadre, un lien de causalité unirait l'absentéisme scolaire et la délinquance juvénile ; ce qui est faux. Mais pour les besoins de la démonstration adhérons-y. Même adhésion hypothétique à l'affirmation suivante. À savoir : qu'une « *étude américaine a démontré que si les atteintes aux biens augmentaient de 14 % les jours de fermeture d'école, les agressions physiques augmentaient de leur côté de 28 % quand on les ouvrait* » (279).

274. – Notre démonstration retient comme passage obligé la question de savoir quoi privilégier entre la préservation d'un

---

276) Delphine BOESEL, Pourquoi enfermer mieux au lieu d'enfermer moins ? Les cahiers de la justice 2020. 17.

277) https://www.huffingtonpost.fr/life/article/une-hausse-de-la-delinquance-des-mineurs-en-france-ce-n-est-pas-ce-que-disent-les-chiffres_233091.html; https://www.lemonde.fr/idees/article/2025/03/11/la-delinquance-des-jeunes-diminue-mais-les-actes-les-plus-violents-augmentent_6578457_3232.html.

278) André NORMANDEAU, Le sentiment d'insécurité des femmes face à la criminalité, RSC 1994. 805 ; Jean-Jacques GLEIZAL, A propos de la sécurité, RSC 1994. 812.

279) Vincent CASANOVA, L'argent et l'absent, Vacarme 2010/3 (n° 52), pages 92 à 94.

bien matériel et la préservation de la vie humaine (280). En l'occurrence, s'impose une réponse en deux temps. Premièrement, il convient de toujours pencher pour la préservation de l'humain (281).

275. – Ce faisant, et relativement à l'étude américaine ci-dessus, l'on aboutit à une conclusion (absurde) qui invite à se féliciter de l'absentéisme scolaire. Pourquoi ? Parce que plus celui-ci se renouvellera, moins il y aura alors d'atteintes aux personnes. En vérité, et c'est le second temps de la réponse, l'étude sociologique américaine constitue seulement une corrélation entre un taux d'absentéisme et un taux des agressions.

276. – Il faut pourtant concéder que la fréquentation assidue de l'école par les élèves harceleurs leur donne des occasions plus nombreuses de nuire à leurs camarades victimes. Inversement, l'éventuel absentéisme des harceleurs, peut-être à la suite d'une exclusion (temporaire ou définitive) soulagera forcément leurs victimes récurrentes (282).

277. – Encore que de nos jours, du fait des réseaux sociaux, ces victimes demeurent exposées en permanence aux attaques.

---

280) Ève BENAZETH, La sauvegarde de la vie humaine et la pollution dans le même bateau ! JT 2012, n°140, p.10.

281) CONSEIL D'ÉTAT, 20 avril 2020 (n° 44000), « *L'État n'a pas porté une atteinte manifestement grave et illégale au droit à la vie et à la protection de la santé en ne prenant pas de mesures spécifiques pour réduire la pollution aux particules fines issue de l'activité agricole durant l'état d'urgence* », Lebon 2020.

282) Pendant presque trois années, il aura existé un article L. 511-3-1 dans le Code de l'éducation, à la suite de la loi pour une école de la confiance, en date du 26 juillet 2019. Il prévoyait que : « *Aucun élève ne doit subir, de la part d'autres élèves, des faits de harcèlement ayant pour objet ou pour effet une dégradation de ses conditions d'apprentissage susceptible de porter atteinte à ses droits et à sa dignité ou d'altérer sa santé physique ou mentale* ». Cf. Aude DENIZOT, Le harcèlement scolaire estropié par la loi pour une école de la confiance, RTD civ. 2019. 952.

C'est le cyber-harcèlement. Peut-être celui-ci refluera-t-il grâce à une loi adéquate. Ainsi, une obligation de déconnexion devrait à l'avenir supplanter l'impuissant droit à la déconnexion (283).

278. – Dans beaucoup d'esprits, la causalité et la corrélation se confondent souvent ; trop souvent. Sans doute parce que chacune survient dans un temps où deux évènements se mettent à coexister. Or, en matière de corrélation, les deux évènements coexistent par pur hasard. En revanche, concernant la causalité, un évènement initial (la cause) précède et entraîne un second (la conséquence).

279. – Des observations sociologiques fondent ou confirment ce propos (284). Par exemple, dans trois collèges de Mantes-la-Jolie des absentéistes avaient été suivis au premier trimestre de l'année 1999. Or seulement la moitié d'entre eux se seront singularisés par la commission d'actes délictueux. Il s'agissait alors d'atteintes bêtes et méchantes à des biens (vandalisés, tagués, etc.) ; de même qu'il pouvait être question d'appropriations illicites de biens d'autrui.

280. – Selon des observations plus anciennes : « *Si absences répétées et délinquance existent chez les mêmes sujets, la relation de cause à effet entre l'un et l'autre, ou l'existence dans un même processus, d'étapes vers la délinquance, dont l'une serait constituée par des absences de plus en plus nombreuses,*

---

283) Chantal MATHIEU, Marie-Madeleine PÉRETIÉ et Alex PICAULT, Le droit à la déconnexion : une chimère ? Rev. trav. 2016. 592.

284) Arnaud COCHE, Faut-il supprimer les expertises de dangerosité ?, RSC 2011 p.21 ; D.-P. FARRINGTON, Les signaux précoces de l'agir délinquant fréquent, Criminologie, 1986, n° 2, p 23.).

est loin d'être généralisable » (285). L'auteure précise en plus que, même sans diplôme et sans emploi, les jeunes ne verseraient pas tous dans la délinquance. Car ils seraient « *souvent gardés au sein des familles* » (286).

281. – Les pouvoirs publics cherchent parfois à pénaliser les parents des sauvageons en les frappant au portefeuille. Or ce sont généralement des pauvres dont les allocations familiales représentent une part importante de leur budget familial. À ce propos, un homme politique (certainement de gauche) a tenu ce discours : « *Avec la droite, les familles monoparentales stigmatisées se voyaient reprocher d'entraîner une augmentation de la délinquance juvénile. Les familles les plus vulnérables, dans le même esprit, étaient menacées de suspension des allocations familiales pour cause d'absentéisme scolaire* » (287).

282. – Il est entendu que cet absentéisme scolaire se voit imputer en tout ou partie la délinquance juvénile. Aussi, « *un projet de stigmatisation et de punition a succédé à un projet d'identification et d'intégration* » (288). De fait, une mesure d'amputation des allocations familiales ou du quotient familial

---

285) Maryse ESTERLE-HEDIBEL, absentéisme, déscolarisation, décrochage scolaire, les apports des recherches récentes, Médecine & Hygiène, Déviance et Société », 2006/1 Vol. 30, pages 41 à 65, https://www.cairn.info/revue-deviance-et-societe-2006-1-page-41.htm).

286) Idem.

287) Marc-Pierre MANCEL, Secrétaire national chargé de la santé, de la protection sociale, et de la famille (au parti socialiste). https://www.parti-socialiste.fr/comprendre/sante-solidarites-et-protection-sociale/une-politique-familiale-plus-juste-plus-proche-des-besoins-des-familles-plus-dynamique/

288) Roger MONJO, L'école peut-elle être, à la fois, libératrice et obligatoire ?, Presses universitaires de Caen | « Le Télémaque », 2013/1 n° 43 | pages 87 à 102, https://www.cairn.info/revue-le-telemaque-2013-1-page-87.htm.

agace plus qu'elle n'appauvrit les personnes riches (289). Mais comme il est professé : « *Percevoir trop ou pas assez, source de discriminations* » (290).

283. – Une autre inégalité entre familles d'enfants délinquants concerne l'accès à la justice. Bien sûr qu'il serait excessif de parler de justice de classe en Europe de l'ouest (291). Toutefois, lorsque des garanties de représentations sont attendues d'un justiciable, l'enfant de la famille bourgeoise les présentera sans peine. Il exhibera sans coup férir la preuve de l'exercice d'un emploi ou de la possession d'un logement (292). La différence apparaît également au niveau du conseil juridique souhaitable dans un cadre similaire. Car l'un s'offrira le meilleur défenseur possible, tandis que l'autre se contentera d'un avocat commis d'office.

284. – Les milieux populaires rencontrent une discrimination ou une condescendance lorsqu'il est question des infractions de leurs enfants ; même à l'étranger. Par exemple, une revue de lecture de quotidiens britanniques de 1911 rendait compte d'une grève quasi-nationale des écoliers anglais. À cette occasion « *la presse incrimina souvent la "truant class", la classe des élèves faisant l'école buissonnière que l'on trouva au*

289) Françoise MONÉGER, La politique familiale du gouvernement, valse hésitation autour de la mise sous condition de ressources des allocations familiales, RDSS 1998. 605.

290) Christophe WILLMANN, Non-recours, cause et effet de discriminations aux prestations sociales, Droit social 2025. 436.

291) Rédaction, Justice de classe, vraiment ? Les cahiers de la justice 2017. 1.

292) Les gens du voyage et les étrangers souffriront toujours d'une sorte de défaveur. Cf. Cour de cassation, 2e civ. 16 octobre 1996, Les garanties de représentation d'un étranger qui peuvent justifier son assignation à résidence sont souverainement appréciées par les juges du fond D. 1998. 23.

premier rang dans les meetings, les manifestations mais aussi dans les bagarres et les attaques de bâtiments scolaires » (293).

---

293) Danièle RANCIÈRE, La grève des écoliers, Association Vacarme | « Vacarme », 2004/1 n° 26 | pages 41 à 46, https://www.cairn.info/revue-vacarme-2004-1-page-41.htm).

Conclusion

Quand un mineur est livré à la justice (et plus précisément au juge des enfants), sans doute est-ce parce qu'il aura commis diverses infractions plus ou moins graves. L'idée commune est qu'il était prédisposé à la délinquance. Grosso mode, il sera vu comme un coupable et, parallèlement, comme une victime ; ancienne, actuelle ou prochaine. En tous cas, l'espoir de la collectivité sera que ce jeune ne s'installe nullement dans la délinquance. Il devrait en effet pouvoir devenir un membre utile et honorable de la Nation.

Malheureusement, les structures alors mises en place pour la protection et la rééducation des mineurs en perdition souffrent de façon chronique d'un manque de places, de personnel et de matériel. Il s'ensuit que nos petites terreurs risquent souvent de demeurer dans leur quartier. Or ils y fanfaronneront alors dans les halls d'immeubles ou dans les rues et places. En d'autres termes, ils nargueront donc les honnêtes gens, lesquels pourraient hélas mal réagir.

C'est dans ce contexte que l'on se figure que la prison les empêcherait certainement de nuire à nouveau. Surtout que les conditions indignes d'enfermement ne devraient normalement pas inciter les intéressés à redemander la prison. Car, outre la promiscuité et la saleté, le bruit y règne. Concrètement en effet, le prisonnier est réveillé par l'alternance ou le cumul de la clameur de supporters ; par les pleurs de douleur ou de désespoir ; ainsi que par les cris de folie. Curieusement, la récidive persiste quand même...

De fait, obtenir « *un homme nouveau* », un citoyen modèle, grâce à quelques mesures paraît illusoire. Ce triste constat est partagé même par les contrées où se pratique le lavage de cerveau, ou bien la reprogrammation de l'individu. Certes, la France opte aussi pour une rééducation. Mais celle-ci demeure conforme aux droits de l'homme. Le pari français de la rééducation s'impose d'autant plus à l'esprit que les bagnes pour mineurs n'auront jamais été un modèle d'humanité ou même d'efficacité.

L'idée est de faire prendre conscience des méfaits perpétrés puis de favoriser l'empathie envers des victimes potentielles. Autrement dit, les jeunes délinquants (alors transfigurées) se garderaient à l'avenir de porter atteinte aux personnes ou aux biens d'autrui. Le juge des enfants est chargé de leur appliquer une politique plutôt duale, laquelle combine douceur et fermeté. Ce juge prononce d'ailleurs parfois des sanctions similaires à celles classiquement subies par les adultes.

Au fond, exception faite de la grande masse des personnes indifférentes à la question de la délinquance des mineurs, deux camps s'affrontent. L'un dénonce le confondant laxisme qui encouragerait la dérive infractionnelle des jeunes, tandis que l'autre camp dénie à la prison le moindre effet rédempteur. Au contraire, l'emprisonnement ressemblerait même à un stage de perfectionnement du futur criminel.

En vérité, la rééducation des mineurs délinquants s'impose comme la meilleure solution dans une société humaniste. Sachant que bon nombre d'entre eux gagneront heureusement le droit chemin, et ne seront donc pas récidivistes. De plus, l'éducation de base des enfants (par la famille et par l'école) suffit souvent pour faire de bons citoyens. En tous cas, la majorité des adultes criminels n'auront jamais autrefois fréquenté le bureau du juge des enfants.

Incursions pénalistes de privatistes

Bibliographie

Sources classiques

Les sources après 2020

Anaïs Coignac, L'enfance en danger sacrifiée, D.A. 11 juillet 2025.

Anne Simon, La dystopie d'un monde sans peine, RSC 2021. 275.

Antoine Bloch, Au procès du « financement libyen » : « Le faisceau d'indices est une preuve comme une autre », D.A. 28 mars 2025.

Antoine Botton, Limites de l'exigence de notification du droit de se taire, RSC 2025. 425.

Audrey Darsonville, L'affaire Mis et Thiennot et la révision des condamnations pénales, AJ pénal 2023. 9.

Aurélie Cappello, Le viol, un trop petit crime, D. 2025. 842.

Aurélien Langlade, Keltoume Larchet et Sahana Rattinam, Les homicides commis par des mineurs : cadres explicatifs et enjeux criminologiques, AJ pénal 2025. 224.

Benjamin Monnery, Irvin Neerunjun, Renaud Mabire-Yon et Massil Benbouriche, Mesurer la récidive en France : des données nécessaires pour mieux évaluer, AJ pénal 2025. 30.

Brigitte Clavagnier, Destituer le président... JA 2024, n°702, p.3.

Bruno Coquet, L'apprentissage : le succès au prix fort, https://www.ofce.sciences-po.fr/pdf/ouvrage/2024-FR-09.pdf.

Carole-Anne Vaz-Fernandez, Nullité de la détention provisoire d'un mineur en raison de la présence d'un tiers lors du débat contradictoire, D.A. 8 avril 2025.

Catherine Berlaud, Sévérité de la loi pénale suisse qui punit la mendicité en question, Gaz. Pal. 16 févr. 2021, n° 396f8, p. 43.

Charlotte Tenenhaus, Loi sur la justice des mineurs : le Conseil constitutionnel a eu le dernier mot, D.A. 9 juillet 2025

Christophe André, Buts poursuivis, intérêts protégés, valeurs sociales défendues en droit pénal : un cabinet des antiques ? RSC 2025. 255.

Christophe Willmann, Non-recours, cause et effet de discriminations aux prestations sociales, Droit social 2025. 436.

Clotaire Mouloungui, L'absentéisme dans les formations, préf. Catherine Couturier, Didactijuris, 2025.

CNIL, Délibération SAN-2024-017 du 17 octobre 2024.

Conseil constitutionnel, 27 juin 2025, Détention provisoire (mineur) : inconstitutionnalité du régime, D. 2025. 1211.

Conseil d'État 15 mai 2023, Quand la dignité des détenus s'arrête à la porte des mesures structurelles, AJ pénal 2023. 302.

Conseil d'État, 19 juillet 2022, Limites à la responsabilité de l'État pour non-scolarisation d'un enfant handicapé (n° 428311), Lebon 2022.

Conseil d'État, 20 avril 2020 (n° 44000.

Cour administrative d'appel de Lyon, 17 juin 2021, Le contrôle de l'assignation à résidence peut inclure des enfants mineurs, AJDA 2021. 2498.

Cyrille Duvert, La loi visant à renforcer la lutte contre les dérives sectaires et à améliorer l'accompagnement des victimes, D. 2024. 912.

Cyrille Duvert, Qu'est-ce qu'une peine ? D. 2020. 2407 ;

David Pamart, Devant le juge, réhabilitation n'est pas amnésie, D.A. 20 mai 2025.

David Pargamin, L'enfance, un âge sans pitié ?, Philosophie Magazine, 12 mars 2021.

Delphine Boesel, Pourquoi enfermer mieux au lieu d'enfermer moins ? Les cahiers de la justice 2020. 17.

Dorian Gandolfo, Conditions matérielles de détention à la maison d'arrêt de Limoges, D.A. 9 janvier 2025.

Dorothée Goetz, Code de justice pénale des mineurs : quoi de neuf ? D.A. 22 janvier 2021.

Dossier, Juger les ministres : la Cour de justice de la République en question, AJ pénal 2021. 559.

Emmanuelle Maupin, La protection de l'enfance laissée à l'abandon, AJDA 2025. 688.

Fanny Rogue, Le placement éducatif à domicile, de l'innovation à la qualification juridique, D. 2024. 1114.

Florence Creux-Thomas, Sécurité globale, de quel droit ? La Semaine Juridique Edition Générale n° 13, 29 mars 2021, 344.

Florence Merloz, La question inédite du rapatriement des familles françaises de djihadistes devant la CEDH, D.A. octobre 2021 ;

Florian Watier, Parents d'enfants délinquants : regard critique sur la responsabilité pénale et la « responsabilisation parentale », AJ fam. 2025. 162

Gabriel Thierry, Pourquoi le fichier de traitement des antécédents judiciaires suscite toujours des critiques, D.A. 13 novembre 2024.

Gérard Coudert, Sauver l'arbitre, sauver la démocratie, JS 2025, n°263, p.3.

Hobinavalona Ramparany et Anne Scattolin, Quelques réflexions sur l'assurabilité des sanctions pécuniaires relevant de la matière pénale, RGDA nov. 2023, n° RGA201p1.

Jean-Christophe Videlin, L'impossible judiciarisation du champ de bataille validée par le Conseil constitutionnel, AJDA 2020. 171.

Julie Alix, Radicalisation et droit pénal, RSC 2020. 769.

Julie Gallois, Délit de risque causé à une personne dépositaire de l'autorité publique par diffusion d'information : précision sur l'action civile, D.A. 14 mars 2025.

Julien Faidherbe, La rationalité pénale à l'épreuve des violences, GPL 3 oct. 2023, n° GPL454d1.

Julien Jeanneney, Droit administratif et droit constitutionnel, RFDA 2025. 563.

Laura Viaut, La croisée des savoirs - L'aveu dans la procédure pénale, Les cahiers de la justice 2021. 151.

Laurence Gareil-Sutter, Motif légitime de refus d'une expertise biologique : à l'impossible, nul n'est tenu, D.A. 4 janvier 2021.

Laurence Garnerie, Atteintes aux forces de l'ordre, réponse pénale et moyens de la justice, Gaz. Pal. 1 juin 2021, n° 422m0, p. 8.

Laurent Gamet, Théorie et pratique du droit du travail, Droit social 2025. 545.

Laurent Saenko, Délit de non-transmission de documents comptables à l'assemblée générale : le retard est-il punissable ? RTD com. 2025. 202.

Lilitt Khangeldian, Quelle orientation pour les mineurs délinquants ? Décider vite et bien ! AJ pénal 2025. 168 ;

Maëlys Grange, Le travail de l'enfant dit influenceur : de quel droit ? Rev. trav. 2024. 308.

Manuela Brillat, La protection du mineur placé : la France est condamnée par la CEDH, D.A. 14 novembre 2022.

Marc Guerrini, L'accessibilité et l'intelligibilité de la loi, Droit social 2024. 110.

Marie-Odile Diemer, Procès pénal et cinéma : un sujet à bout de souffle ? À propos du film Je le jure de S. Theis, D.A. 9 avril 2025.

Marie-Sophie Baud, La manifestation de la vérité dans le procès pénal : une étude comparée entre la France et les États-Unis, Th. LGDJ, 2022.

Marine Protais, https://www.francebleu.fr/infos/faits-divers-justice/la-rochelle-gene-par-des-bruits-de-moteur-il-tire-avec-sa-carabine-dans-le-quartier-de-mireuil-1568739236.

Massil Benbouriche, Frédérique Le Doujet-Thomas et Christine Desnoyer, Les violences sexuelles dans la famille : quel traitement juridique ? AJ pénal 2020. 272.

Maxime Barba, Indice d'insécurité juridique, D. 2025. 1201

Michel Verpeaux, La censure de la création de mesures de sûreté à l'encontre des auteurs d'infractions terroristes, AJDA 2020. 2319.

Nathalie Bourzat Alaphilippe, La règlementation publique relative au travail des mineurs, JS 2020, n°207, p.16.

Nicolas Barotte, https://www.lefigaro.fr/politique/encadrement-militaire-des-delinquants-l-idee-accueillie-avec-reserve-par-l-armee-20220823.

Nicolas Bonnardel, L'intérêt supérieur de l'enfant en droit de la responsabilité civile : une considération en devenir ? D. 2025. 405.

Noélie Coudurier, La justice des mineurs, un totem absolu, JA 2025, n°723, p.7.

Olivier Razac, Fabien Gouriou et Jérôme Ferrand, L'épreuve de la probation, Les cahiers de la justice 2020. 21.

Pascale Bertoni, Le contrôle de l'État sur l'enseignement supérieur, AJDA 2024. 323 ;

Philippe Chaillou, Justice en situation - « Morts ou vifs », Les cahiers de la justice 2021. 693.

Philippe Desloges, Continuité de l'action du juge des enfants : de l'assistance éducative à la répression, AJ Fam. 2021. 459.

Pierre Januel, Gérald Darmanin face aux défis budgétaires de la justice, D.A. 11 juin 2025.

Pierre Januel, Les députés musclent les peines alternatives pour favoriser leur prononcé, D.A. 1 décembre 2020.

Pierre Januel, Les députés remanient la loi remaniant la justice des mineurs, D.A. 3 décembre 2024.

Pierre-Jérôme Delage, I - Principes directeurs de la procédure pénale, Le droit de ne pas contribuer à sa propre incrimination, source d'un aménagement de la charge de la preuve de la qualité à agir en nullité, RSC 2025. 101.

Rapport de la Cour des comptes sur les polices municipales d'octobre 2020.

Rémi Buhagiar, https://www.ladepeche.fr/2021/03/01/haute-garonne-excede-par-le-bruit-il-sort-de-sa-maison-arme-dun-fusil-et-menace-des-jeunes-9401662.php.

Rémy Cabrillac, Retour sur le concours d'agrégation de droit privé et sciences criminelles, D. 2024. 1456.

Salomé Papillon, Loi Attal sur la délinquance des mineurs : des parents plus responsables ? AJ fam. 2025. 390.

Sophie Diehl, Un enfant en conflit avec la loi est un enfant qui relève de la protection de l'enfance, AJ pénal 2025. 223.

Thomas Giraud, Le chantier de la lutte contre les violences sexuelles est engagé, JA 2022, n°668, p.7.

Vincent Egéa, De quelques notions clefs du droit de la famille au prisme du droit pénal, RTD civ. 2025. 313

Volodia Mijuskovic, Le détenu « acteur de sa détention » Les cahiers de la justice 2023. 309.

Les sources avant 2020

André Legrand, La sanction de l'absentéisme scolaire, La Semaine Juridique Administrations et Collectivités territoriales n° 39-40, 27 septembre 2010, act. 686.

André Normandeau, Le sentiment d'insécurité des femmes face à la criminalité, RSC 1994. 805 ;

Anne Portmann, Présence de l'avocat en garde à vue : pas d'exception systématique en matière de terrorisme, D.A. 18 octobre 2013 ;

Arnaud Coche, Faut-il supprimer les expertises de dangerosité ?, RSC 2011 p.21 ;

Aude Denizot, Le harcèlement scolaire estropié par la loi pour une école de la confiance, RTD civ. 2019. 952.

Aurélie Brégou, Les libertés d'information et de création artistique sacrifiées au profit d'un « droit à l'oubli », Légipresse 2013. 684.

Béatrice Penaud, L'inégalité des victimes devant la Commission d'indemnisation des victimes d'infractions (CIVI), Gaz. Pal. 10 août 2000, p. 2.

Bernard Bouloc, Durée de l'interdiction des droits civiques, civils ou de famille et de l'interdiction de séjour, RSC 1996. 117

Bernard Bouloc, Regard sur la prescription pénale, AJ pénal 2016. 294.

Bertrand Geay, « Du « cancre » au « sauvageon ». Les conditions institutionnelles de diffusion des politiques d'« insertion » et de « tolérance zéro » », Actes de la recherche en sciences sociales, 2003/4, n° 149.

Caroline Fleuriot, Contrôle judiciaire et interdictions professionnelles, D.A. 22 mars 2012.

Caroline Fleuriot, L'interminable moratoire sur l'encellulement individuel, D.A. 21 octobre 2014.

Cass. Crim., 19 octobre 1999, 98-87.630, Bull. crim., n° 221.

Catherine Ménabé, Comprendre la criminalité, in Répertoire de droit pénal et de procédure pénale, 2019, n° 114.

Catherine Ménabé, Vers une théorie générale de la criminologie préventive, Répertoire de droit pénal et de procédure pénale/ Criminologie, octobre 2019.

Catherine Sevely, Réflexions sur l'inhumain et le droit, RSC 2005. 483.

Cesare Beccaria, Des délits et des peines », 1764.

Chantal Mathieu, Marie-Madeleine Péretié et Alex Picault, Le droit à la déconnexion : une chimère ? Rev. trav. 2016. 592.

Charles Soulié, L'adaptation aux "nouveaux publics" de l'enseignement supérieur : auto-analyse d'une pratique d'enseignement magistral en sociologie, Presses de Sciences Po (P.F.N.S.P.) | « Sociétés contemporaines », 2002/4 no 48 | pages 11 à 39, https://www.cairn.info/revue-societes-contemporaines-2002-4-page-11.htm.

Christian Guéry, Une détention provisoire exceptionnelle... mais souhaitable, AJ pénal 2004. 238.

Christine Lazerges, Politique criminelle et droit de la pédophilie, RSC 2010. 725

Circulaire interministérielle n° 2014-159 du 24 décembre 2014 relative à la prévention de l'absentéisme scolaire, BOEN n° 1, 1er janv. 2015.

Claire Neirinck, Enfance, in Répertoire de droit civil, octobre 2016, n° 913.

Clotaire Mouloungui, La solidarité familiale, L'Harmattan, 2004, 309 pages.

Conseil d'État, 15 juin 2011, n° 347581.

Conseil d'État, 6 octobre 2008 (n° 309766), Non-lieu et acquittement n'ont pas le même sens face à une contravention de grande voirie, AJDA 2008. 2467

Cour de cassation, 2e civ. 16 octobre 1996, Les garanties de représentation d'un étranger qui peuvent justifier son assignation à résidence sont souverainement appréciées par les juges du fond D. 1998. 23.

D.-P. Farrington, Les signaux précoces de l'agir délinquant fréquent, Criminologie, 1986, n° 2, p 23..

Danièle Rancière, La grève des écoliers, Association Vacarme | « Vacarme », 2004/1 n° 26 | pages 41 à 46, https://www.cairn.info/revue-vacarme-2004-1-page-41.htm.

Didier Guével, Le droit : une science exacte (?), D. 2017. 1465.

Didier Lauru, « Moments de folie à l'adolescence », dans : Patrick Delaroche éd., Peut-on devenir fou ? Toulouse, Érès, « Le Bachelier », 2004, p. 59-69. DOI : 10.3917/eres.delar.2004.01.0059. URL : https://www.cairn.info/---page-59.htm.

Dossier, J. C. Affaires sociales : Un problème d'avenir : l'absentéisme scolaire, La Revue administrative, 55e Année, n° 328 (juillet-août 2002), pp. 400-402, Presses Universitaires de France, https://www.jstor.org/stable/40774834.

Édouard Tillet, Penser la peine, Répertoire de droit pénal et de procédure pénale / Histoire des doctrines pénales, MAJ octobre 2010.

Edwige Antier, La justice à la croisée des savoirs - Réflexion sur les châtiments corporels infligés aux enfants et leur interdiction par le droit, Les cahiers de la justice 2011. 107.

Émeric Jeansen, Des avantages individuels acquis au maintien de la rémunération annuelle, une notion byzantine chasse l'autre, JCP S 2016. 1420.

Emmanuel Dockès, Le droit du travail dans l'affrontement des mondes possibles, Droit social 2018. 216.

Étienne Douat, La construction de l'absentéisme scolaire comme problème de sécurité intérieure dans la France des années 1990-2000, Médecine & Hygiène | « Déviance et Société », 2007/2 Vol. 31 | pages 149 à 171, https://www.cairn.info/revue-deviance-et-societe-2007-2-page-149.htm.

Étienne Douat, L'absentéisme scolaire : une étude sociologique, Th. sociologie, Paris 5, 2005.

Eudoxie Gallardo, La qualification pénale des faits, RSC 2013. 986.

Ève Benazeth, La sauvegarde de la vie humaine et la pollution dans le même bateau ! JT 2012, n°140, p.10.

Fabrice Lemaire, Les requérants d'habitude, RFDA 2004. 554.

Félix Rome, « Alertez les bébés ! », D. 2008. 2993 ;

Félix Rome, Plus bête que méchant... – D. 2011. 2193 ;

Félix Rome, Sources profondes, D. 2012. 2881.

France Paramelle, La lutte contre le crime à New-York, Rudolph Giuliani : un homme, une volonté, L'Harmattan, 2009 ;

François Fourment, Répertoire de droit pénal et de procédure pénale, Faux témoignage, MAJ 2014.

François Touret de Coucy, Enfance délinquante, in Répertoire de droit pénal et de procédure pénale, 2005, n° 4.

Françoise Monéger, La politique familiale du gouvernement, valse hésitation autour de la mise sous condition de ressources des allocations familiales, RDSS 1998. 605.

François-Louis Coste, Statut de la parole et présomption d'innocence, AJ pénal 2004. 402.

Frédéric Rouvière, L'homme et la bête : de l'être au devoir-être ? RTD civ. 2017. 765 ;

Gabrielle Rabany, Travail dissimulé, D. 2000. 92.

Georges Vermelle, Non-cumul d'une peine d'emprisonnement et d'une interdiction professionnelle, RSC 2004. 873

Gilles Armand, Le couvre-feu imposé aux mineurs : une conception nouvelle de la sécurité, AJDA 2002. 351.

Gilles Richard, La renaissance de la droite modérée à la libération, La fondation du CNIP, Vingtième Siècle, Revue d'histoire, Année 2000, 65 pp. 59-69.

Helena Bargholtz, La large prohibition européenne des châtiments corporels infligés aux enfants, AJ fam. 2005. 221 ;

Hervé Moysan, L'accessibilité et l'intelligibilité de la loi, AJDA 2001. 428

Hubert Charles, Interprétation stricte de la loi pénale, D. 2000. 307.

Jean Danet et Claire Saas, Le fou et sa "dangerosité", un risque spécifique pour la justice pénale, RSC 2007. 779.

Jean Danet, La notion d'état de santé et la détention en Europe, RSC 1996. 49.

Jean Roos, Le projet d'un « service public unifié et laïc de l'éducation nationale » retiré en juillet 1984 : quels (libres) enseignements en tirer ? RFDA 2025. 189 ;

Jean-Jacques Gleizal, A propos de la sécurité, RSC 1994. 812.

Jean-Jacques Rousseau, Discours sur l'origine et les fondements de l'inégalité parmi les hommes, 1755.

Jeanne Clavel, La réparation pénale : une nouvelle utopie ? AJ pénal 2012. 326.

Jean-Philippe Lecomte et Diane Roman, L'appel au drapeau : l'armée et les politiques d'insertion sociale de la jeunesse, RDSS 2007. 60.
Jean-Pierre Balduyck et Christine Lazerges, Réponses à la délinquance des mineurs, RSC 1998. 610.
Jean-Pierre Marguénaud, La proclamation européenne du principe de rétroactivité de la loi pénale plus douce, RSC 2010. 234.
Jean-Pierre Rosenczveig, La délinquance des mineurs, D. 2002. 1358.
Jérémy Houssier et Valérie Avena-Robardet, Le privilège des derniers nés, AJ fam. 2018. 135.
Jocelyne Castaignède, La constitution de partie civile devant le juge d'instruction de la victime d'un mineur, D. 2000. 824.
John Locke, Quelques pensées sur l'éducation, 1693. Ce philosophe est mort riche (à 72 ans, en 1704) grâce à sa participation active à la traite négrière.
Judith Rochfeld, Contrat de responsabilité parentale, RTD civ. 2006. 395.
Julie Alix, Les hésitations de la politique criminelle, RSC 2013. 677
Julie Couronné, Le traitement des manquements à l'obligation scolaire : enjeux et recompositions entre Éducation nationale et Protection de l'enfance, Th. Sociologie, Paris CNAM, 2015.
Julien Mucchielli, Quelle réforme pénale l'Assemblée a-t-elle adoptée ? D.A. 9 juin 2014 ; Julie
Louise Fines, L'organisation des crimes en col blanc, Une gestion meurtrière, Paris, L'Harmattan, 2012, 231 pages.
Lucile Priou-Alibert, Prison et troubles mentaux : constat alarmant et perspectives d'évolution, D.A. 19 mai 2010.
Manuel Domergue et Lisa Taoussi, Santé publique France, Téléchargements/16771_doc00003376-3.pdf ;

Marcel Rufo, Adolescence et coups de folie, L'Express 2004, https://www.lexpress.fr/actualite/societe/adolescence-et-coups-de-folie_487981.html.

Marine Babonneau, Procès de Youssouf Fofana : la « terreur » et le silence, D.A. 11 janvier 2017.

Martine Herzog-Evans, Châtiments corporels : Vers la fin d'une exception culturelle ?, AJ fam. 2005. 212 ;

Maryline Bruggeman, La sanction de l'absentéisme scolaire, au cœur de l'ambiguïté de l'obligation scolaire, Droit de la famille n° 12, Décembre 2011, dossier 19.

Maryse Esterle-Hedibel, absentéisme, déscolarisation, décrochage scolaire, les apports des recherches récentes, Médecine & Hygiène, Déviance et Société », 2006/1 Vol. 30, pages 41 à 65, https://www.cairn.info/revue-deviance-et-societe-2006-1-page-41.htm.

Maryse Esterle-Hedibel, absentéisme, déscolarisation, décrochage scolaire, les apports des recherches récentes, Médecine & Hygiène, Déviance et Société », 2006/1 Vol. 30, pages 41 à 65, https://www.cairn.info/revue-deviance-et-societe-2006-1-page-41.htm.

Maryvonne Autesserre, A quoi sert le casier judiciaire des mineurs ? RSC 2003. 309.

Maurice Line, Réflexions sur la disponibilité des connaissances et de l'information en Grande-Bretagne aujourd'hui (https://bbf.enssib.fr/consulter/bbf-1991-04-0268-001.

Michaël Haravon, Tolérance zéro : où en est le tout-carcéral en Angleterre et aux États-Unis ? D. 2013. 2235.

Michael Walton, La culture a un impact sur la pauvreté ; mais pas à cause d'une culture de la pauvreté, https://shs.cairn.info/revue-afrique-contemporaine1-2008-2-page-133?lang=fr.

Michel Dobkine, Nul n'est censé ignorer que la loi est... abrogée, D. 2002. 1225.

Mireille Lasbats, Enfants soumis aux conflits de loyauté : séquelles traumatiques, AJ fam. 2016. 381.
Nadia Beddiar, La césure du procès pénal des mineurs, AJ pénal 2019. 483.
Nicolas Laurent-Bonne, Les origines de l'irresponsabilité pénale du somnambule, RSC 2013. 547.
Nonna Mayer, Les hauts et les bas du vote Le Pen 2002, Revue française de science politique, Année 2002, pp 505-520.
Olivier Le Bot, Loi anti-casseurs : censure des interdictions administratives de manifester, Constitutions 2019. 241.
Oona Ah-Thion, La lutte contre le crime à New-York (présentation du livre), RSC 2009. 1003.
Patrick Chariot, L'intervention du médecin en garde à vue, AJ pénal 2004. 279.
Paul Cazalbou, Retour critique sur le principe d'unicité de qualification des faits en droit pénal, RSC 2018. 387 ;
Paul Santelmann, Insertion et formation professionnelles des jeunes, Droit social 1993. 418.
Philippe Malaurie, Les enjeux de la codification, AJDA 1997. 642 ;
Pierre Joxe, Droit des enfants : vers le modèle américain ? Les cahiers de la justice 2011. 5 ;
Pierre Mousseron, Les immunités familiales, RSC 1998. 291.
Piotr Smolar, Sécurité et délinquance : les leçons de 2002, https://www.lemonde.fr/societe/article/2007/03/09/securite-et-delinquance-les-lecons-de-2002_881143_3224.html.
Rédaction, Justice de classe, vraiment ? Les cahiers de la justice 2017. 1.
Rédaction, Nullité d'une citation visant la totalité d'un ouvrage sans préciser les faits visés, Légipresse 2019. 200.
Rédaction, Un problème d'avenir : l'absentéisme scolaire, La Revue administrative, 55e Année, n° 328 (juillet-août 2002), pp. 400-402, Presses Universitaires de France, https://www.jstor.org/stable/40774834.

Reynald Ottenhof, Le concept de précocité en criminologie, RSC 1995. 863.

Roger Monjo, L'école peut-elle être, à la fois, libératrice et obligatoire ?, Presses universitaires de Caen | « Le Télémaque », 2013/1 n° 43 | pages 87 à 102, https://www.cairn.info/revue-le-telemaque-2013-1-page-87.htm.

Sabrina Lavric, Injure à l'audience : immunité judiciaire et excuse de provocation, D.A. 16 avril 2015.

Sébastien Boterdael, Le cadre juridique de l'apprentissage depuis 2018 : désentraver, libéraliser, réguler, Droit social 2025. 307.

Séverine Brondel, Mesures annoncées pour une égalité réelle, AJDA 2008. 2371.

Silvia Guemureman et Maryse Esterle, La délinquance juvénile et son traitement judiciaire en Argentine, RSC 2014. 227.

Solène Debarre et Charlotte Tenenhaus, Comparution immédiate : fallait-il vraiment rendre applicable aux mineurs ce que le droit pénal des majeurs connaît de pire ? AJ pénal 2025. 219.

Stéphane Leman-Langlois, Doob et Carla Cesaroni, Responding to Youth Crime in Canada, RSC 2005. 445. Les gens n'en reviennent pas moins à la rescousse.

Stéphane Pinon, Révolution numérique, « gilets jaunes » et réformes constitutionnelles, Constitutions 2018. 515.

TGI de Paris (26 juillet 2013, n° 13/55518.

Thierry Cretin, La preuve impossible ? RSC 1992. 53.

Thomaïs Douraki, Droit à l'éducation des enfants d'immigrés en Europe, RMCUE 2004. 375.

Tribunal administratif de Lille, 15 avril 2011, Prison : le droit à l'éducation, liberté fondamentale ? AJ pénal 2011. 260

Tribunal administratif de Nantes, 25 octobre 2007, Acte sexuel au parloir : pas de faute disciplinaire sans exposition à la vue d'autrui, AJ pénal 2008. 43.

Valérie Avena-Robardet, Jugement des mineurs, AJ fam. 2011. 396.

Véronique Tellier-Cayrol, La récidive : de quelques paradoxes et incohérences, AJ pénal 2012. 64.
Vincent Casanova, L'argent et l'absent, Vacarme 2010/3 (n° 52), pages 92 à 94.
Virginie Gautron, La fin de la singularité du modèle français de prévention de la délinquance, AJ pénal 2007. 205.
Youssef Guenzoui, La crainte révérencielle, D. 2010. 984 ; Georges Levasseur, Viol d'un mineur par son père, RSC 1993. 781.

Sites Internet

Les sites Internet privés

https://explicationdefilm.com/2023/12/28/tueurs-nes/
https://laref.org/2024/08/19/savoir-cest-pouvoir/.
https://madelen.ina.fr/content/le-mensonge-tragique-dun-petit-fils-96381?locale=fr ;
https://rmc.bfmtv.com/actualites/societe/c-est-un-enfer-ils-passent-leurs-nuits-dans-leur-hall-d-immeuble-pour-eviter-d-etre-squattes_AV-202302090267.html.
https://www.ash.tm.fr/magazine/2098/les-acteurs/jeunes-et-violences-il-faut-relativiser-389614.php#.
https://www.cge.asso.fr/le-cout-des-etudes-en-grande-ecole-et-le-financement-de-lenseignement-superieur-en-france/.
https://www.cge.asso.fr/le-cout-des-etudes-en-grande-ecole-et-le-financement-de-lenseignement-superieur-en-france/.
https://www.charentelibre.fr/2021/05/21/giflee-parce-qu-elle-allaite-dans-une-file-d-attente-video,3746077.php?nic.
https://www.charentelibre.fr/politique/immigration-securite-le-vote-rn-est-de-plus-en-plus-un-vote-d-adhesion-au-programme-de-l-extreme-droite-21351453.php.

https://www.courrierinternational.com/article/vu-de-l-etranger-le-couvre-feu-pour-mineurs-reponse-desesperee-des-villes-francaises-aux-violences_233425.

https://www.fondationpourlelogement.fr/30e-rapport-sur-letat-du-mal-logement-en-france-2025/.

https://www.huffingtonpost.fr/international/article/ces-enfants-soldats-enroles-par-daech-appeles-bombes-a-retardement-je-les-ai-rencontres_150300.html.

https://www.huffingtonpost.fr/life/article/une-hausse-de-la-delinquance-des-mineurs-en-france-ce-n-est-pas-ce-que-disent-les-chiffres_233091.html;

https://www.la-croix.com/Debats/militaires-encadrer-jeunes-mise-oeuvre-cette-idee-deja-fait-preuve-inanite-2022-08-25-1201230156.

https://www.lefigaro.fr/actualite-france/je-voulais-de-la-rigueur-et-de-la-discipline-ces-adeptes-du-public-qui-se-tournent-vers-le-prive-20240119.

https://www.lefigaro.fr/lefigaromagazine/qui-va-reellement-en-prison-le-laxisme-de-la-justice-francaise-en-chiffres-20250124.

https://www.lejdd.fr/Societe/carcerophobie-une-etude-choc-devoile-letendue-du-laxisme-judiciaire-en-france-154238.;

https://www.lematin.ch/story/arretes-pour-avoir-traine-des-pietons-tout-en-roulant-584008236961;

https://www.lemonde.fr/idees/article/2025/03/11/la-delinquance-des-jeunes-diminue-mais-les-actes-les-plus-violents-augmentent_6578457_3232.html.

https://www.lemonde.fr/international/article/2025/01/11/etats-unis-rudy-giuliani-l-ancien-avocat-personnel-de-donald-trump-de-nouveau-condamne-pour-diffamation_6491904_3210.html.

https://www.lemonde.fr/m-le-mag/article/2021/01/08/les-territoires-perdus-de-la-republique-retour-sur-pres-de-vingt-ans-de-polemique-autour-de-la-laicite-a-l-ecole_6065657_4500055.html.

https://www.lemonde.fr/politique/article/2021/01/15/macron-veut-relancer-l-egalite-des-chances_6066399_823448.html.

https://www.lemonde.fr/politique/article/2022/08/22/darmanin-veut-un-encadrement-militaire-pour-les-mineurs-delinquants-dans-les-territoires-d-outre-mer_6138702_823448.html.

https://www.lemonde.fr/politique/article/2025/04/08/laurent-wauquiez-provoque-un-tolle-en-proposant-d-enfermer-les-etrangers-dangereux-sous-oqtf-a-saint-pierre-et-miquelon_6592809_823448.html.

https://www.lemonde.fr/societe/article/2025/08/29/prisons-la-controleuse-generale-preconise-la-fermeture-de-l-etablissement-pour-mineurs-de-marseille-en-raison-de-conditions-de-detention-indignes_6637080_3224.html;

https://www.leparisien.fr/elections/presidentielle/vrai-faux-les-enfants-de-le-pen-ont-ils-vraiment-fait-leur-scolarite-dans-le-public-10-02-2017-6670632.php.

https://www.leparisien.fr/seine-saint-denis-93/noisy-le-sec-un-automobiliste-soupconne-de-trainer-des-pietons-sur-plusieurs-metres-place-en-garde-a-vue-10-01-2022-DTTF2HIJPFBJVIFBIBPDLVXJWM.php.

https://www.lorientlejour.com/article/1018085/et-si-la-veritable-pauvrete-etait-la-misere-intellectuelle-.html.

https://www.maxpiccinini.com/pourquoi-lecole-ne-sert-plus-a-rien-5-raisons/

https://www.nouvelobs.com/societe/20081201.OBS3496/quand-sarkozy-voulait-detecter-les-troubles-du-comportement-chez-l-enfant.html.

https://www.ouest-france.fr/societe/prison/crasseuse-infestees-de-fourmis-faut-il-fermer-la-prison-pour-mineurs-de-marseille-d8f1af06-84b3-11f0-bcb7-e4ebd4c8350d;

https://www.ouest-france.fr/societe/prison/karting-en-prison-a-fresnes-ce-que-contient-le-rapport-d-enquete-de-l-administration-penitentiaire-013a6a64-237a-11ed-bda5-

2977ce526b0a; https://www.lefigaro.fr/vox/societe/karting-a-fresnes-prison-plage-20220823.

https://www.parti-socialiste.fr/comprendre/sante-solidarites-et-protection-sociale/une-politique-familiale-plus-juste-plus-proche-des-besoins-des-familles-plus-dynamique/

https://www.philomag.com/articles/montesquieu-lavocat-du-diable.

https://www.questionsdeclasses.org/conscience-de-classe-vs-colere/

https://www.resovilles.com/retour-sur-la-penalisation-des-attroupements-dans-les-parties-commune-afd/ ;

https://www.rtbf.be/article/etre-en-prison-avec-de-vrais-criminels-pendant-60-jours-c-est-la-nouvelle-telerealite-trash-aux-etats-unis-9227522

https://www.rtl.fr/actu/politique/presidentielle-2017-pourquoi-marine-le-pen-defend-l-apprentissage-des-14-ans-7787197793.

https://www.slate.fr/story/216753/creolisation-concept-edouard-glissant-marotte-jean-luc-melenchon-france-insoumise.

https://www.sudouest.fr/justice/prison/avec-sa-grotte-mobile-il-veut-sensibiliser-les-jeunes-a-la-realite-de-la-vie-carcerale-25553184.php.

https://www.ville-et-banlieue.org/wp-content/uploads/2021/01/Au-fil-des-quartiers-n6-Bien-mang-er-dans-les-quartiers-populaires.pdf.

Les sites Internet publics

https://drees.solidarites-sante.gouv.fr/sites/default/files/2020-10/er1156.pdf.

https://www.assas-universite.fr/fr/evenements/femme-criminelle.

https://www.caissedesdepots.fr/blog/article/pourquoi-lapprentissage-favorise-lemploi-des-jeunes.

https://www.diplomatie.gouv.fr/fr/dossiers-pays/syrie/evenements/actualites-2022/article/rapatriement-d-enfants-et-de-meres-du-nord-est-syrien-05-07-22.

https://www.enap.justice.fr/histoire/colonies-penitentiaires-pour-mineurs.
https://www.france.tv/france-2/affaires-sensibles/5301099-le-mensonge-tragique-d-un-petit-fils.html#about-section.
https://www.radiofrance.fr/franceculture/podcasts/le-pourquoi-du-comment-philo/le-pourquoi-du-comment-philo-chronique-du-mardi-13-decembre-2022-7293244.
https://www.radiofrance.fr/franceinter/podcasts/carnets-de-campagne/carnets-de-campagne-du-mardi-17-juin-2025-1411129;
https://www.radiofrance.fr/franceinter/podcasts/l-info-de-france-inter/l-info-de-france-inter-1388615.
https://www.radiofrance.fr/franceinter/podcasts/l-info-de-france-inter/l-info-de-france-inter-3967520;
https://www.senat.fr/rap/r00-037/r00-03765.html.

Index alphabétique

De l'initiale A à l'initiale L

De l'initiale M à l'initiale V

L'ACCÈS AU JUGE RÉPRESSIF AU TOGO

Komlan ALEMAWO
Maître de conférences agrégé des facultés de droit
Doyen de Faculté à l'Université de Kara (Togo)
Rédacteur en chef adjoint de la Revue GestEcoDroit (France)

Introduction

1. – L'accès à la justice, un grand problème contemporain.
Un « *grand corps malade* »[294], un appareil « *en panne* »[295]...

Ce portrait souvent dressé de la justice en Afrique n'est pas des plus reluisants, et lorsque sont évoqués les grands problèmes de la justice contemporaine en Afrique, la question de l'accès au prétoire du juge prend rang parmi les premiers.

Certes, il serait exagéré de dresser un tableau totalement sombre de la justice en Afrique[296]. Mais, il est très souvent

---

[294] Mamadou Ismaïla KONATE, Justice en Afrique : ce grand corps malade, La Sahélienne, 2018, 164 p.

[295] R. MOUTÉKÉ et I. LOCKO, « Protection des droits et des magistrats au Congo. Pathologie d'une justice exsangue », in droits de l'homme en Afrique centrale, colloque de Yaoundé, 9 au 11 novembre 1994, éd. Ucac-Karthala, 1996, p. 169.

[296] Alioune BADARA FALL, « Le juge, le justiciable et les pouvoirs publics : pour une appréciation concrète de la place du juge dans les systèmes politiques en Afrique », 2014, p. 24 et suivantes. Sur les nombreux reproches adressés à la justice en Afrique, voir aussi Abdellah BOUDHARAIN, « Pour une justice alternative expression d'une démocratie réelle et d'un développement humain et soutenable », RJ PIC, n° 3, septembre-décembre 1998, p. 355 ; Hyacinthe SARASSO, « La justice contre la corruption en Afrique aujourd'hui », in La justice en Afrique, p. 195 et suivantes. ; Filiga MICHEL SAWADOGO, « L'accès à la

relevé qu'elle souffre de plusieurs maux bien connus : l'influence du pouvoir politique, la partialité, la corruption, la négligence, l'éloignement des tribunaux par rapport au domicile des justiciables, le faible nombre des juridictions, ou encore la lenteur des procès, etc.

Au Togo, une enquête conduite entre 2014 et 2015 avait révélé que 37% des togolais affirment faire « partiellement » ou « très partiellement » confiance aux tribunaux[297]. Environ 48% des togolais affirment que « la plupart » des juges et magistrats ou « tous » sont corrompus. Les citoyens qui ont répondu à la question de savoir quels sont les problèmes auxquels ils ont été confrontés ont évoqué les longs délais (48%), la complexité du système judiciaire (44%), le manque de conseil ou d'assistance judiciaire (39%), l'inattention des juges (36%) ou le caractère exorbitant des frais (28%), etc.

Des décennies déjà, l'avertissement était donné en ces termes : faute de pouvoir accéder à la justice, « *la justice elle-même serait un vain mot, une justice sans justice, en définitive, un déni de justice* »[298]. Concept juridique, grand pilier de l'État de droit, instrument de mesure d'une bonne gouvernance, la justice dont il est dit qu'elle est la gardienne des libertés individuelles nécessite d'être accessible au citoyen.

Cette prégnante préoccupation qui intéresse la justice en général n'épargne guère la justice pénale, d'autant que le

---

justice en Afrique francophone : problèmes et perspectives. Le cas du Burkina-Faso », RJPIC, 1995, p. 167 à 212.

[297] Pauline Wambua et Carolyn Logan, « Le système judiciaire togolais entre l'inconfiance populaire et les perceptions de corruption », Dépêche, N° 147 d'AFROBAROMETRE, 2017, p. 1 à 11.

[298] René DÉGNI-SEGUI, « L'accès à la justice et ses obstacles », in L'effectivité des droits fondamentaux dans les pays francophones, 1995, p. 241 à 256.

juge répressif est au cœur desdites libertés. Au contraire, elle relance fortement le débat sur l'accès au juge répressif et trouve intérêt à être discutée dans la présente étude sur « *l'accès au juge répressif en droit positif togolais* ».

2. – Les précisions terminologiques.

Il est opportun d'apporter une précision terminologique aux termes de cette thématique. Dans une acception plutôt commune, le « *juge* » est un « *magistrat chargé de rendre la justice* »[299]. Cette définition plutôt laconique n'est pas suffisamment éloquente, car autant, elle renvoie à la l'acception du terme « *magistrat* », autant elle renvoie surtout à celle du terme « *justice* » qui est d'une curieuse polysémie.

C'est un terme à la fois « philosophique, juridique et moral ». La justice désigne ce qui est « idéalement juste, conforme aux exigences de l'équité et de la raison ; en ce sens la justice est tout à la fois un sentiment, une vertu, un idéal, un bienfait (comme la paix, une valeur ». C'est aussi, « ce qui est positivement juste ; ce à quoi chacun peut légitimement prétendre (en vertu d'un Droit) ; en ce sens la justice consiste à rendre à chacun le sien (sum cuique tribuere) et demander justice signifie réclamer son dû, son droit »[300].

Par ailleurs, la justice renvoie aussi à l'idée d'un service public chargé d'assurer la fonction juridictionnelle par opposition à la fonction législative et exécutive. Le terme justice recouvre ainsi « l'ensemble des institutions chargées de trancher les litiges qui peuvent opposer les particuliers entre eux ou avec les autorités publiques ». De la sorte, la justice s'entend aussi bien de la

[299] https://www.larousse.fr/dictionnaires/francais/juge/45107, consulté le 20 avril 2024.

[300] Gérard CORNU (dir.), Vocabulaire juridique, PUF, 11e éd., 2015, p. 594.

fonction juridictionnelle que de l'ensemble des juridictions en charge d'assurer cette fonction[301].

Le juge est donc mieux appréhendé comme une personne physique appartenant au corps judiciaire, quels que soient son degré[302], la nature de ses pouvoirs[303], l'origine de son investiture[304] ou sa composition[305] et dotée à titre professionnel d'un pouvoir juridictionnel, celui de dire le droit, de trancher les litiges au nom de l'État ou du peuple.

Cette précision permet de distinguer le juge de l'arbitre avec qui il partage en effet la fonction de trancher les litiges. S'il est vrai que le juge partage avec l'arbitre l'attribut de trancher les litiges, désigné par le terme « juridictio », l'arbitre tient sa mission d'une convention d'arbitrage, donc des parties, contrairement au juge qui le tient de l'État. De la sorte, le juge, contrairement à l'arbitre est investi de l'« impérium », cette parcelle de puissance publique dont le juge, à la différence de l'arbitre est investi et qui lui permet notamment de requérir la force publique, d'ordonner une astreinte[306].

L'adjonction du terme « répressif » autorise d'affiner l'étendue de ses attributions. Ainsi, le juge répressif est chargé d'examiner les circonstances, la gravité des infractions poursuivies par-devant lui, de statuer sur la culpabilité précise de leurs auteurs, voire d'assurer l'exécution des

301 Idem. Jocelyn NGOUMBAGO KOHETO, L'accès au droit et à la justice des citoyens en République centrafricaine, thèse de doctorat, Dijon, 27 septembre 2013, p. 2 ; Natalie FRICERO, Les institutions Judiciaires, les principes fondamentaux de la justice, les organes de la justice, les acteurs de la justice, Mémentos LMD, 2e éd., Lextenso, 2012, p. 15.

302 En première instance, en appel ou en cassation.

303 Qu'il soit un juge du fond ou du droit.

304 Qu'il soit investi de sa mission par son État ou par plusieurs États.

305 Qu'il soit unique ou collégial.

306 Gérard CORNU (dir.), Vocabulaire juridique, préc., p. 524, 582 et 631.

peines prononcées. Le juge répressif désigne aussi la juridiction répressive, chargée d'assurer la prévention et la répression des infractions, qu'il s'agisse de la juridiction d'instruction, des libertés et détentions, du jugement ou de l'application des peines[307].

Si dans le sens commun l'« *accès* » renvoie à la possibilité d'aller dans un lieu, ou la voie qui permet d'y entrer[308], il s'agit juridiquement et selon le sens approprié au présent contexte d'un droit subjectif, le « *droit pour un particulier d'opérer une démarche auprès d'un service public pour la défense de ses intérêts* »[309]. Ainsi, l'accès au juge répressif peut être appréhendé comme une prérogative en vertu de laquelle une personne s'adresse au juge répressif afin que la cause qu'il y fait entendre soit appréciée.

À la réalité, l'accès au juge répressif est tributaire du droit général de l'« *accès à la justice* », reconnu comme « *une disposition reconnue par la loi à une personne impliquée dans une situation de fait, de voir son cas apprécié par un juge, organe indépendant, sur la base d'une règle de droit clairement définie* »[310]. C'est ce que la doctrine qualifie,

---

[307] Ici, le juge répressif est à la fois le juge d'instruction, le juge des libertés et détentions, le juge du jugement, voire le juge de l'application des peines.

[308] Alain REY (dir.), Dictionnaire de langue française, Le Robert, éd. 1997, p. 8.

[309] Gérard CORNU (dir.), Vocabulaire juridique, préc., p. 10. Juridiquement, l'accès signifie aussi « l'admission dans un corps ou à l'exercice d'une profession en général subordonnée à des conditions réglementées ». Dans ce contexte, il s'agit par exemple de l'accès à la fonction publique ou de l'accès au barreau, etc.

[310] Joël RIDEAU (dir.), Le droit au juge dans l'Union européenne, LGDJ, 1998, p. 7.

selon des expressions connues, de « *droit au recours* »[311], de « *droit au juge* »[312].

L'accès à la justice est aussi à distinguer de l'« accès au droit », même si les deux sont fondamentalement liés. Pour certains auteurs, l'accès à la justice peut être un moyen d'accès au droit et l'accès au droit peut aussi être une alternative à l'accès à la justice. D'une part, recourir à la justice permet d'obtenir le droit réclamé. D'autre part, l'on peut obtenir le droit ou avoir accès au droit directement sans passer par une procédure judiciaire, « la case justice ». En outre, d'autres voient entre les deux un lien circulaire, car il faut avoir accès au droit pour avoir accès au juge et il faut avoir accès au juge pour avoir accès au droit [313].

Quant au droit positif, il désigne l'ensemble des règles de droit objectif en vigueur dans un pays donné à un moment donné, par opposition à un droit naturel, idéal ou par opposition à un droit abrogé[314]. Ainsi, le sujet sur l'accès au juge répressif au Togo invite à mener la réflexion sur le chemin menant à l'office du juge pénal, en ayant pour repères les règles juridiques applicables au Togo.

3. – L'accès au juge pénal au Togo, une préoccupation foncière.

Suivant cette formule universellement connue des instruments juridiques internationaux, « *toute personne a droit à ce que sa cause soit entendue. Ce droit comprend : a. le droit de saisir les juridictions nationales compétentes de tout acte violant les droits fondamentaux qui lui sont reconnus et garantis par les conventions, les lois, règlements et coutumes*

---

[311] Thierry RENOUX, « Le droit au recours juridictionnel », JCP, 1993, I, 3675.

[312] Joël RIDEAU (dir.), préc.

[313] Marie-Anne FRISON-ROCHE, « Le droit d'accès à la justice et au droit », in Libertés et droit fondamentaux, 16e éd., Dalloz, p. 524 ; Jacques RIBS, « L'accès au droit », in Libertés, Mélanges Jacques ROBERT, Montchrestien, 1998, p. 415 à 430.

[314] Gérard CORNU (dir.), Vocabulaire juridique, préc., p. 778.

en vigueur ; b. le droit à la présomption d'innocence, jusqu'à ce que sa culpabilité soit établie par une juridiction compétente ; c. le droit à la défense, y compris celui de se faire assister par un défenseur de son choix ; d. le droit d'être jugé dans un délai raisonnable par une juridiction impartiale »[315].

L'accès à tout juge, indépendamment de sa spécialité[316], jouit d'un ancrage universel[317] et constitutionnel[318] au Togo. Si l'ancrage textuel de l'accès à la justice pénale n'y souffre pas de grandes difficultés, certaines situations restent préoccupantes et dessinent encore un « *chemin* » laborieux menant au juge répressif au Togo. Les écueils y relatifs sont de plusieurs ordres qu'ils soient géographiques, sociaux,

---

[315] C'est la disposition de l'article 7, § 1 de la Charte africaine des Droits de l'Homme et des Peuples. Il peut être lu sensiblement le même contenu à l'article 6, § 1 de la Convention européenne de sauvegarde des Droits de l'Homme (CESDH) dont il faut rappeler le contenu en ces termes : « Toute personne a droit à ce que sa cause soit entendue équitablement et publiquement et dans un délai raisonnable, par un tribunal indépendant et impartial défini par la loi, qui décidera, soit des contestations sur ses droits et obligations de caractère civil, soit du bien-fondé de toute accusation en matière pénale dirigée contre elle ».

[316] Qu'il soit civil, administratif ou pénal, etc.

[317] La Déclaration universelle des Droits de l'Homme dispose en son article 10 que : « toute personne a droit à ce que sa cause soit entendue, équitablement, publiquement, et dans un délai raisonnable, par un tribunal indépendant qui décidera, soit des contestations sur ses droits et obligations de caractère civil, soit du bien-fondé de toute accusation en matière pénale dirigée contre elle ».

[318] L'article 19 de la constitution togolaise du 14 octobre 1992 dispose que « toute personne a droit en toute matière à ce que sa cause soit entendue et tranchée équitablement dans un délai raisonnable par une juridiction indépendante et impartiale ». Cette disposition se retrouve désormais à l'article 7 de la déclaration solennelle des droits et devoirs fondamentaux des personnes et des citoyens, annexée à la Constitution togolaise du 6 mai 2024.

économiques, culturels, politiques, financiers, voire psychologiques, etc.

S'il est dénombré quelques juridictions répressives plus aujourd'hui qu'hier, il est aussi légitime de s'interroger sur leur suffisance en nombre, voire leur égale répartition ou couverture sur l'étendue du territoire togolais. Il semble aussi que l'organisation des juridictions répressives décourage ceux qui sont peu accoutumés à cette organisation.

En outre, les juridictions répressives se présentent comme éloignées des justiciables qui préfèrent dans certains cas recourir aux modes non juridictionnels. En ce sens : « ni l'arrivée du juge occidental à l'époque coloniale ni l'institution des juridictions modernes après l'indépendance n'ont fait disparaître la pratique coutumière de « l'arbre à palabre » aux origines lointaines » [319].

Au surplus, les nouvelles formes de criminalités économiques et financières invitent à repenser la spécialisation des juridictions qui paraissent peu outillées pour y faire face. Ces préoccupations convient à s'interroger sur les garanties qu'offrent les juridictions répressives togolaises de sorte à apporter satisfaction ou à être attrayantes aux yeux des citoyens. Il se dégage ainsi une préoccupation fondamentale : le chemin menant au juge répressif au Togo est-il facile d'accès de sorte à encourager les citoyens à lui faire recours ?

[319] Alioune Badara Fall, « Le juge, le justiciable et les pouvoirs publics : pour une appréciation concrète de la place du juge dans les systèmes politiques en Afrique », in Biblioteca Digital Jurídica do Superior Tribunal de Justiça, 2003, p. 31.

4. – L'amélioration de l'accessibilité au juge pénal togolais.

Il n'est pas superfétatoire de souligner quelques efforts notables de modernisation et de réforme de la justice répressive au Togo qui contribuent à l'amélioration de l'accessibilité au juge pénal. Dans ce sens, la révision de l'organisation judiciaire par la Loi n° 2019-015 du 30 octobre 2019 portant code de l'organisation judiciaire, qui abroge l'Ordonnance n° 78-35 du 7 septembre 1978, peut être citée en exemple.

La refonte même du Code pénal togolais en 2015 par la Loi n° 2015-010 du 24 novembre 2015 portant nouveau code pénal togolais peut aussi être relevée. Le livre blanc du gouvernement sur les recommandations de la Commission vérité, justice et réconciliation s'inscrit également dans cette dynamique[320]. Ce livre recommande au gouvernement, entre autres, le renforcement et l'amélioration de l'accès à la justice à tout justiciable[321].

Par ailleurs, la « Politique Nationale de la Justice »[322] adoptée en 2020 peut aussi être citée comme faisant partie des

[320] Voir le Décret n° 2014-104/PR portant adoption du livre blanc du gouvernement togolais, Journal officiel de la République togolaise du 8 mai 2014.

[321] Ce livre recommande au gouvernement de réformer le système judiciaire, notamment en poursuivant plus activement la consolidation de l'indépendance de l'institution judiciaire et de la magistrature afin de rendre l'administration de la justice plus performante et plus efficace.

[322] Ce document « couvrant la période 2021 - 2025 se décline en quatre programmes : le pilotage et soutien du secteur de la justice ; la justice judiciaire ; l'accès aux droits et à la justice ; l'administration pénitentiaire et les conditions de détention. Il développe aussi une politique pénitentiaire conforme aux règles respectueuses des droits et impulse un management axé sur la performance du secteur » ; consulté le 3 juin 2024 sur Environnement des affaires : le document de la politique nationale de la justice validé – ATOP, https://atop.tg/.

efforts des pouvoirs publics de débarrasser la justice togolaise de ses nombreux problèmes, dont son difficile accès. Pourtant, ces efforts n'occultent pas les insuffisances ou préoccupations précédemment relevées.

5. – Les enjeux de l'accès au juge pénal togolais.

Traiter de ces préoccupations est intéressant à plus d'un titre, car elles permettent de réaliser un diagnostic de l'accès au juge pénal au Togo. Le diagnostic permet de dresser un état des lieux du chemin conduisant à celui-ci. Cette étude a ainsi le mérite de mettre en exergue les enjeux de l'accès au juge répressif aujourd'hui.

Elle remet au gout du jour non seulement les efforts de rapprochement de la justice pénale avec les citoyens, mais encore permet d'en ressortir les insuffisances, sinon les obstacles pour en proposer des mesures permettant de les pallier en vue d'un meilleur accès.

6. – Le contraste du progrès et des regrets concernant le renouveau de l'accès au juge répressif.

En admettant que toute réforme du droit doive conduire au progrès, il ne faudrait pas perdre de vue que le progrès qui est un idéal et une finalité du droit n'est pas toujours atteint avec une totale satisfaction pour tous[323].

---

[323] Voir notamment, Michel VILLEY « Philosophie du droit – définitions et fins du droit », Bibliothèque Dalloz, 2019, n° 24 ; Jean-Pierre MARGUENAUD, « Propos introductifs » in Le progrès et le droit, Actes du colloque organisé par Hémisphère Droit, Association des doctorants et des jeunes docteurs en Droit de l'Université de Tours, Faculté de droit, d'économie et de sciences sociales de l'Université de Tours, 12 février 2014, p. 3. Selon celui-ci, « Le progrès est, en effet, inscrit dans le droit européen des droits de l'Homme depuis que la Cour européenne des droits de l'Homme a affirmé, à partir des arrêts Tyrer c / Royaume-Uni du 25 avril 1978 relatif aux châtiments corporels et Marckx c/ Belgique

De ce point de vue, si globalement, dans le cadre de cette étude, la marche du droit va vers le progrès lorsqu'il est comptabilisé les avancées des réformes du droit pénal et surtout de la refonte de l'organisation judiciaire au Togo, la satisfaction reste mitigée pour l'analyste qui s'intéresse au détail en ce qui concerne la rationalité, le coût d'opportunité, la simplification et la facilitation de l'accès au juge répressif à l'issue de la nouvelle organisation judiciaire par la Loi n° 2019-015 du 30 octobre 2019. En effet, le progrès de la Loi n° 2019-015 du 30 octobre 2019 est indéniable en ce qu'elle améliore l'offre d'accès au juge répressif par une diversification et une spécialisation plus significatives, mais aussi, elle améliore la garantie du double degré de juridiction.

En revanche, les justiciables seraient moins heureux de la nouvelle configuration des juridictions et, spécialement, de la reconfiguration des juridictions répressives qui, par leur diversité et, surtout, leur éloignement ne faciliteraient pas vraiment un accès serein et sûr au juge[324]. De ces données d'analyse contrastée des acquis de la Loi n° 2019-015 du 30 octobre 2019 et de la prospection de ses incidences sur l'accès au juge répressif au Togo, l'affirmation d'un progrès s'impose au regard de la reconfiguration structurelle de l'accès au juge répressif **(Section 1)** tandis que les regrets surgissent de la défiguration labyrinthique des chemins menant au juge répressif **(Section 2)**.

---

du 13 juin 1979 célèbre pour s'être intéressé aux droits des enfants naturels, que la Convention de sauvegarde des droits de l'Homme et des libertés fondamentales du 4 novembre 1950 (ci-après CEDH) « doit s'interpréter à la lumière des conditions d'aujourd'hui ».

[324] Michel VILLEY « Philosophie du droit – définitions et fins du droit », préc. n° 25 où l'auteur met en exergue une finalité d'un « service des hommes ».

Section 1 – Le progrès de la reconfiguration structurelle de l'accès au juge pénal

7. – Le visage rénové des juridictions répressives.

Avec la Loi n° 2019-015 du 30 octobre 2019 portant Code de l'organisation judiciaire[325], le paysage judiciaire togolais s'est inscrit dans une dynamique qui présente un nouveau visage et laisse observer une profonde réorganisation structurelle des juridictions divisées en juridictions de droit commun[326] et juridictions spécialisées[327].

L'idée d'un progrès structurel de cette réorganisation s'infère de l'enrichissement des composantes avec notamment le constat d'une diversification des juridictions[328] et l'apparition de nouvelles figures[329], d'une part, au même moment que se réalise une stratification de celles-ci en adéquation avec l'idéal du double degré de juridiction,

---

325 Cette loi abroge l'ordonnance n° 78-35 du 7 septembre 1978 portant organisation judiciaire.

326 Au sens de l'article 2 alinéa 8 de la Loi n° 2019-015 du 30 octobre 2019 portant code de l'organisation judiciaire, il s'agit d'un « tribunal ou cour ayant compétence générale pour statuer sauf lorsqu'un texte spécial exclut une matière ou une qualité ».

327 Au sens de l'article 2 alinéa 9 de la Loi n° 2019-015 du 30 octobre 2019 portant code de l'organisation judiciaire au Togo, il s'agit d'un « tribunal ou cour ayant compétence pour les seules matières qui lui sont attribuées par un texte de loi particulier ou en vertu de la qualité du justiciable ».

328 Voir notamment, articles 21, 22, 58, 67, 69, 88.

329 Notamment le tribunal de grande instance, tribunal criminel, la chambre criminelle des cours d'appel, le tribunal militaire, la cour criminelle d'appel, la chambre spécialisée des mineurs.

d'autre part. Dans ce progrès, les juridictions répressives s'en sortent plus étoffées et plus diversifiées avec des stigmates de juridiction répressive de droit commun comportant par endroits des juridictions répressives spécialisées.

Au-delà de tout, le progrès de la reconfiguration structurelle des juridictions répressives togolaises est davantage ressenti dans l'amélioration de l'offre juridictionnelle répressive (**§ 1**) et dans la libéralisation de la garantie du double degré de juridiction (**§ 2**).

§ 1 – L'amélioration de l'offre juridictionnelle répressive

8. – Plan

Le libre accès pour tous, la disponibilité et le moindre coût, voire la gratuité, sont quelques critères d'appréciation de la qualité d'un service public. À la recherche de ces critères dans le nouvel ordre d'accès à la justice répressive togolaise avec les dernières réformes du code pénal et, surtout du code de l'organisation judiciaire et en attendant le nouveau code de procédure pénal, en chantier, il est observable d'ores et déjà, une amélioration de l'offre d'accès au juge pénal à travers l'amélioration du libre accès pour tous au juge pénal (**1**) et la disponibilité par une diversification de l'offre répressive (**2**).

A – L'amélioration du libre accès aux juridictions répressives

9. – L'idée du libre accès.

Le libre accès fait référence à une réalité sociologique : la *« open access »* qui implique la disponibilité sans entraves, immédiate et gratuite d'une chose, notamment une information. Cette réalité, appliquée à un service public, notamment à la justice répressive, incline à rechercher et percevoir notamment : une liberté d'accès pour tous, une gratuité, une célérité, une attention, une équité et une efficacité. Ces critères d'appréciation du libre accès au service public sont-ils observables actuellement dans la justice répressive togolaise ?

Si l'idéal est une quête permanente vers lequel les réformes successives tendent pour mieux appréhender le futur, le présent de la justice répressive togolaise relève des avancées tangibles en termes de libre accès au juge pénal à travers un droit d'accès universel, une gratuité et une consécration de l'aide juridictionnelle qui constituent, ensemble, des standards universellement usités pour l'appréciation de la qualité de l'accès à la justice

10. – L'accès universel à la justice.

La Loi n° 2019-015 proclame et consacre l'accès universel à la justice en disposant que : « T*oute personne a droit à ce que sa cause soit examinée et la décision rendue dans un délai raisonnable par une juridiction compétente légalement établie* »[330]. Ce dispositif ne contredit pas le Doyen RIVERO qui rappelait à juste titre que « *la justice est un service public dont la raison d'être est l'usager* »[331].

La juridiction répressive n'échappe pas à cette exigence qui fait de l'usager la raison d'être de la justice. Dans ce sens, l'accès au juge répressif doit être aisé afin de permettre aux justiciables de faire valoir leurs droits. Pour ce faire, l'amélioration de l'offre juridictionnelle répressive est nécessaire. Nonobstant des insuffisances qui peuvent être

[330] Article 4.

[331] Jean RIVERO, « Sanction juridictionnelle et règle de droit », in Mélanges Julliot de la MORANDIÈRE, Dalloz, 1964, p. 457.

dénombrées, la juridiction répressive au Togo fait preuve d'une visible amélioration de son offre.

11. – La gratuité de la justice répressive.

Sous réserve des droits de timbre et d'enregistrement, des honoraires des auxiliaires de justice et des frais nécessaires pour l'instruction des procès ou l'exécution des décisions judiciaires, l'article 15 du Code d'organisation judiciaire au Togo de 2019 prescrit que : « *la justice est gratuite* ». Cette gratuité de la justice est d'autant plus marquée devant la juridiction répressive qu'« *en matière pénale ou dans tout autre cas prévu par la loi, le Trésor public avance et, le cas échéant, supporte tous les frais de justice à la charge du ministère public* »[332].

À rebours des autres juridictions, la juridiction répressive reflète le mieux la gratuité de la justice. Les autres juridictions, à l'exemple de la juridiction civile, sont souvent taxées de faire supporter aux justiciables des « coûts élevés ». Par-devant les juridictions civiles au Togo, l'introduction d'une instance civile procède dans bien des cas par une assignation qui coûte trente mille francs CFA auxquels s'ajoutent des frais d'enrôlement du dossier qui coûtent neuf mille francs CFA en première instance et quasiment le double au second degré.

Ce total de trente-neuf mille francs CFA comme frais d'introduction d'instance est déjà supérieur aux deux tiers du Salaire minimum interprofessionnel garanti (SMIG) au Togo[333]. Or, par-devant la juridiction répressive, l'introduction d'une instance peut s'opérer par une simple

---

[332] Voir l'article 15 du Code de l'organisation judiciaire de 2019.

[333] Le SMIG au Togo passe en 2023 de 30.000 à 52.500 francs CFA, conformément à l'arrêté N° 3790/MFPTDS/DGT du 31 décembre 2022.

plainte déposée au secrétariat du Procureur de la République ou au Commissariat de police.

12. – L'effectivité de l'aide juridictionnelle devant le juge répressif.

Mieux, la juridiction répressive est la plus illustrative de la réalisation ou de l'effectivité de l'aide juridictionnelle. Bien que prévue par la Loi n° 2013-010 du 27 mai 2013[334], l'aide juridictionnelle n'est que très peu effective dans le prétoire du juge civil, alors que dans le prétoire du juge pénal cette aide est très concrète. En témoigne en matière criminelle la commission d'office d'un avocat pour la défense de l'accusé, ou encore la commission des interprètes pour assurer la traduction des propos du prévenu ou accusé, de la victime ou des témoins « analphabètes »[335].

En outre, la victime a la possibilité de se greffer à l'action pénale du ministère public, de sorte qu'elle tire avantage de toutes les actions de celui-ci, puisque la procédure est conduite sous l'égide du ministère public sur la base des fonds publics. Les parties civiles au procès bénéficient ainsi de certains avantages comme la recherche des éléments de preuve par les officiers de police judiciaire. De même, l'effectivité des tribunaux militaires[336] contribue à l'amélioration de l'offre juridictionnelle répressive. Cette

---

[334] La Loi n° 2013-010 du 27 mai 2013 portant aide juridictionnelle au Togo ; voir les articles 2, 4, 7, 8, 9, 41, 43.

[335] Il s'agit ici de ceux qui ont des difficultés à s'exprimer dans la langue officielle, le français. On notera qu'en France aussi beaucoup de citoyens se sentent exclus à cause leur méconnaissance de la langue. Voir Clotaire MOULOUNGUI, L'absentéisme dans les formations, préf. Catherine COUTURIER, Didactijuris, 2025.

[336] Consécration par la Loi n° 2019-015 en ses articles 22, 114 et 115 ; lancement de ses activités le 9 octobre 2023 ; premier jugement, Chambre criminelle du tribunal militaire, 8 novembre 2023, inédit.

dernière innovation vient enrichir l'offre juridictionnelle répressive qui s'améliore par sa diversification.

B - L'amélioration par la diversification de l'offre juridictionnelle répressive

13. – L'opérationnalisation des juridictions répressives spécialisées : les tribunaux militaires.

L'organisation judiciaire issue de l'ordonnance du 7 septembre 1978 était quelque peu modeste. Elle ne comptait comme tribunaux spécialisés que le tribunal du travail[337] et le tribunal pour enfants[338]. Bien que cette ordonnance ait prévu des juridictions d'exception, dont la Cour de sûreté de l'État[339] et le Tribunal spécial pour la répression des détournements des deniers publics[340], celles-ci n'étaient pas effectives[341].

Les tribunaux militaires sont donc une création nouvelle de la Loi n° 2019-015, portant code d'organisation judiciaire au Togo, même si les juridictions militaires, en général, trouvent leur assise fondamentale dans la Constitution de

[337] Article 1er B) 1° de l'Ordonnance n° 78-35, préc.

[338] Article 1er B) 2° de l'Ordonnance n° 78-35, préc.

[339] Voir l'article 49 de l'Ordonnance n° 78-35, préc.

[340] Voir l'article 50 de l'Ordonnance n° 78-35, préc. C'est cette ordonnance, portant institution du Tribunal spécial pour la répression des détournements de deniers publics, qui réglementait la composition, la compétence et les modalités de saisine de cette juridiction.

[341] Pour cause, l'article 119 alinéa 3 de la Constitution togolaise de la VIe République interdisait ces juridictions en disposant que « les juridictions d'exception sont prohibées ».

la IVe République dans sa version révisée du 15 mai 2019[342] ou, plus récemment, dans l'article 59 de Loi n° 2024-005 du 6 mai 2024 portant Constitution de la République togolaise[343].

De fait, la création au Togo d'une juridiction spécialisée, chargée de connaître des infractions commises par les militaires, témoigne de l'amélioration de l'offre juridictionnelle répressive. Il est soutenu que « *le droit pénal militaire obéit à des règles différentes de celles du droit pénal général. Aussi l'infraction militaire est-elle soumise à un régime particulier, tant au point de vue de son jugement que de sa répression* »[344]. Les juridictions militaires permettent ainsi de juger effectivement les infractions militaires[345]. Elles permettent que les auteurs desdites infractions soient réprimés et que par ricochet les victimes obtiennent la satisfaction d'une justice rendue.

---

[342] L'article 119 alinéa 2 de la Constitution togolaise révisée en mai 2019 dispose que : « La loi organise la juridiction militaire dans le respect des principes de la Constitution ».

[343] « Les tribunaux spécialisés sont les tribunaux de travail, les tribunaux de commerce, les juges des enfants et les tribunaux pour enfants, les tribunaux et les cours d'appel militaires […] ».

[344] Bernard BOULOC, Droit pénal général, Dalloz, 25e éd., p. 200.

[345] Les « infractions militaires sont celles qui consistent en un manquement à la discipline et aux obligations militaires auxquelles sont soumis tous les militaires » ; voir Bernard BOULOC, Droit pénal général, préc., p. 200.

Conformément à l'article 47 du Code de justice militaire en vigueur, « les juridictions militaires sont compétentes pour instruire et juger 1) les infractions d'ordre militaire prévues par le présent code ; 2) les atteintes à la sûreté intérieure et extérieure de l'État impliquant des militaires et assimilés ; 3) les infractions de toute nature commises par des militaires et paramilitaires - en service ou à l'occasion du service; - dans les casernes, quartiers et établissements militaires ou chez l'hôte ».

En se référant à la loi du 21 avril 2016 portant nouveau code de justice militaire[346], il est prévu à l'article 48 que les juridictions militaires sont habilitées à connaître des affaires militaires essentiellement pénales et jugent une catégorie particulière de justiciables : les militaires, les personnes assimilées, les réservistes et les prisonniers de guerre[347]. Ces juridictions militaires sont d'une part le tribunal militaire et d'autre part la Cour d'appel militaire dont les sièges sont à Lomé.

Loin de rester lettre morte, les textes instituant ces juridictions sont effectifs et ces juridictions sont bien opérationnelles. Le tribunal militaire dont les juges sont composés à la fois de magistrats de droit commun, et de magistrats militaires a ouvert sa toute première audience le lundi 23 octobre 2023[348]. Les audiences tenues ont permis de constater que les juridictions militaires disposent d'un parquet spécialisé dirigé au premier degré par un procureur militaire et ses substituts près le tribunal militaire[349], ainsi que des juridictions d'instruction.

---

[346] Voir la Loi n° 2016-008 du 21 avril 2016 portant nouveau Code de justice militaire, adoptée en abrogation de la loi n° 81-5 du 30 mars 1981 portant Code de justice militaire au Togo.

[347] L'article 48 du Code de justice militaire togolais dispose que « Sont justiciables des juridictions militaires 1) les militaires des forces armées togolaises et les personnels des corps paramilitaires relevant du ministère chargé de la sécurité, en activité, en service détaché, en position de non-activité ou en position hors cadre ; 2) les personnes assimilées ; 3) les personnels de la réserve opérationnelle ; 4) les prisonniers de guerre ».

[348] Ce procès portait sur les chefs d'accusation suivants : complicité d'assassinat, complicité d'entrave au bon fonctionnement de la justice et de complot contre la sécurité intérieure de l'État.

[349] Voir les articles 18 et 19 du nouveau Code de justice militaire.

Il est permis de voir dans une telle organisation à la fois une garantie de la séparation des fonctions, mais aussi un gage d'une justice impartiale en raison du caractère mixe des juges du jugement qui sont composés des juges de droit commun et des juges militaires. Les juges militaires ont une expertise spécifique nécessaire pour traiter au mieux les affaires liées à la discipline militaire.

Ces juges, en dépit de leur formation militaire, reçoivent une formation judiciaire identique et au même titre que leurs homologues de droit commun. Ainsi, leur connaissance du droit et des procédures militaires est gage d'un traitement efficace des affaires impliquant des membres des forces armées.

14. – L'amélioration de la séparation des fonctions.

En sus, la poursuite, l'instruction et le jugement sont trois grandes phases importantes d'une procédure pénale qui méritent d'être séparées[350]. La Cour de cassation française affirmait dans un arrêt le principe qu'il y a une incompatibilité résultant « *de la nature des fonctions et du principe de justice qui ne permet pas qu'un magistrat puisse*

---

[350] La première (fonction de poursuite) est mise en œuvre par le Procureur de la République afin de rechercher les auteurs des infractions, de réunir les éléments de preuves pour mieux requérir leur condamnation devant les juridictions de jugement. La deuxième (fonction d'instruction) est assurée par le juge d'instruction ayant pour mission de rechercher l'existence d'une infraction, de déterminer qui en sont les auteurs, de préciser les circonstances dans lesquelles elle a été commise et lorsque cet ensemble d'éléments constitue à l'encontre de leurs auteurs des charges suffisantes, de les renvoyer devant la juridiction de jugement compétente. Il faut préciser que dans l'exercice de sa mission, le juge d'instruction instruit à charge et à décharge. La troisième (fonction de jugement) est chargée de dire le droit, de prononcer la condamnation ou non du présumé infracteur.

être dans la même affaire juge et partie »[351]. Ainsi, un magistrat en charge des fonctions de poursuites, chargé de réunir les preuves contre un prévenu ou un accusé en vue de requérir sa condamnation devant une juridiction de jugement, ne doit pas siéger en tant que juge de jugement chargé de prononcer la sanction.

Au Togo et avant 2020, l'on dénombrait environ treize juridictions à effectif restreint qui ne militaient guère en faveur d'une bonne offre juridictionnelle. Pour cause, l'absence de confrontation d'idées, le risque de confirmation des charges, le risque d'arbitraire du juge unique ; ce qui crée dans l'esprit du citoyen une certaine méfiance qui contribue à l'inaccessibilité de la justice répressive.

Aujourd'hui, il est relevé une réduction de ces juridictions à effectif restreint. Cela améliorerait l'offre juridictionnelle, selon certains, à travers la garantie d'une bonne administration de la justice[352] et la garantie des droits des justiciables. Le recrutement d'un nombre plus important de magistrats pourrait améliorer l'offre juridictionnelle des juridictions répressives en pourvoyant dans toutes les juridictions un magistrat à chaque fonction.

Par ailleurs, il est permis de voir dans l'amélioration du double degré de juridiction un net progrès de l'accès au juge pénal.

---

[351] Crim., 17 février 1912, D 1913, I, 375.

[352] Par exemple, pour Marie-Anne Frison-Roche, « La concentration des moyens sur moins de juridictions peut produire au contraire une meilleure proximité, puisque plus de personnes et de moyens seront disponibles au bénéfice des justiciables », in « Le droit d'accès à la justice », préc., p. 527.

§ 2 – La libéralisation de la garantie du double degré de juridiction

15. – Plan

Le double degré de juridiction est un principe fondamental du procès qui garantit à toute personne de pouvoir faire réexaminer une décision de justice dont elle n'est pas satisfaite en portant sa cause devant une juridiction de rang supérieur. C'est très simplement la garantie du droit de faire appel. Une telle garantie n'était pas toujours bien assurée devant les juridictions répressives, surtout en matière criminelle[353].

Aujourd'hui, en droit togolais, un vent de faveur au libre accès à une juridiction répressive d'appel souffle aussi bien pour les justiciables en matière correctionnelle[354] qu'en matière criminelle[355] ou dans les affaires militaires avec l'existence des chambres correctionnelles près les cours d'appel[356] complétées par des cours criminelles d'appel[357] et une cour d'appel militaire[358] pour exprimer l'idéal d'une généralisation de la garantie du principe du double degré de juridiction. C'est cette généralisation qui justifie l'idée

---

[353] Voir article 1er A, 2° de l'Ordonnance n° 78-35, préc. qui ne comportait pas de chambre criminelle dans sa liste.

[354] En effet, aux termes de l'article 61 : « La cour d'appel est compétente pour connaître :

1. des appels interjetés contre les décisions rendues en premier ressort par les juridictions inférieures [...] » et le principe du double degré de juridiction porté par cette disposition était déjà affirmé par les prévisions de l'article 1er A, 2° de l'Ordonnance n° 78-35, préc. qui avait institué une chambre correctionnelle dans les cours d'appel.

[355] Articles 67 et 68 de la Loi n° 2019-015, préc.

[356] Article 58 de la Loi n° 2019-015, préc.

[357] Articles 21 et 67 de la Loi n° 2019-015, préc.

[358] Voir article 22 et le Chapitre IV : « Du tribunal militaire et de la cour d'appel militaire » du Titre III de la Loi n° 2019-015, préc.

d'une libéralisation de la garantie du double degré de juridiction.

Il faut ainsi dire que ce vent de libéralisation de la garantie du double degré de juridiction souffle dans les prétoires pénaux dont les portes s'ouvrent en matière criminelle (**2**) à l'instar de la matière correctionnelle dont les portes conservent, sans rideau de fer, leur accès au vent de l'appel (**1**).

A – La conservation du double degré de juridiction en matière correctionnelle

16. – La tradition du double degré de juridiction en matière correctionnelle.

Il n'est pas exclu de voir dans la multiplicité des degrés de juridiction une forme de rallongement des procédures pouvant retarder le dénouement d'un procès pénal. Cependant, il faut y voir davantage une garantie pour le justiciable, puisque « *la réglementation et l'organisation des voies de recours ont pour finalité essentielle d'empêcher l'arbitraire, la partialité ou l'influence de pressions extérieures* »[359]. La pluralité des voies de recours traduit ainsi le souci de protection qui anime le législateur[360], car l'accès à la justice s'entend, au-delà d'un accès organique ou géographique, de toutes les garanties institutionnelles d'un

[359] Alioune BADARA FALL, « Le juge, le justiciable et les pouvoirs publics : pour une appréciation concrète de la place du juge dans les systèmes politiques en Afrique », préc., p. 31

[360] Magne Anne NESTORINE, « Recours contentieux et protection du contribuable dans la phase juridictionnelle du contentieux fiscal camerounais », in Revue espace géographique et société marocaine, n° 43-44, janvier 2021, p. 471.

bon procès, dont l'accès à un second examen de l'affaire. Cette exigence d'un second examen d'une affaire émane des instruments internationaux relatifs aux droits de l'homme, qui font partie intégrante de la Constitution togolaise[361]. Dans ce sens, l'article 14, paragraphe 5 du Pacte international relatif aux droits civils et politiques dispose que : « *Toute personne déclarée coupable d'une infraction a le droit de faire examiner par une juridiction supérieure la déclaration de culpabilité et la condamnation, conformément à la loi* ».

Au Togo, il est traditionnellement consacré un principe de double degré de juridiction en matière répressive en ce qui concerne les délits et certaines contraventions. L'existence des chambres des appels correctionnels[362], d'une chambre d'instruction, d'une chambre spéciale pour mineurs et d'une chambre de l'application des peines, notamment, dans les formations des cours d'appel[363] de Kara et de Lomé chargées de réexaminer tout recours contre les jugements en matière correctionnelle ou les ordonnances rendues par les juges d'instruction ou à l'encontre de leurs actes dans le cadre de l'ouverture d'une instruction préparatoire, témoigne de l'attachement à ce principe.

De manière générale, les chambres correctionnelles des cours d'appel sont les juridictions chargées de connaître en appel

---

361 Il peut être lu dans le préambule de la Constitution togolaise de la Ve République du 6 mai 2024 que le Peuple togolais proclame cette Constitution pour préserver « l'État de droit fondé sur le pluralisme politique, les principes de la démocratie et la protection des droits de l'homme tels que définis par la Charte des Nations Unies du 26 juin 1945, la Déclaration universelle des droits de l'homme du 10 décembre 1948, les Pactes internationaux du 16 décembre 1966 (…) ».

362 Articles 67 et suivants de la Loi n° 2019-015, préc.

363 Article 58 de la Loi n° 2019-015, préc.

des recours contre les décisions rendues par les tribunaux de grande instance[364] et par les tribunaux d'instance à compétence correctionnelle et civile[365]. Il est aussi relevé au sein des cours d'appel, des chambres d'instruction (précédemment : chambres d'accusation[366]) qui assurent la garantie du double degré de juridiction en matière d'information judiciaire, permettant ainsi d'assurer un contrôle de l'instruction faite en première instance.

Cette organisation du double degré de juridiction pour les infractions moins graves existait depuis l'Ordonnance n° 78-35 du 7 septembre 1978 portant organisation judiciaire[367]. Il est soutenu par les dispositions de l'article 369 du Code de procédure pénale encore en vigueur au Togo en ces termes *« Les jugements du Tribunal de première instance peuvent être attaqués par la voie de l'appel »*.

De plus, le droit au juge du second degré au moyen de l'appel est quasi démocratique ou universel dans la mesure où il est ouvert, pratiquement, à toutes les parties intéressées par le procès pénal[368] et ces acquis ne sont pas remis en cause par la Loi n° 2019-015 qui au contraire les améliore.

Plus précisément et concrètement, le droit au double degré de juridiction est acquis contre aussi bien les actes de procédure pénale que contre les décisions des juridictions de première instance dès lors qu'une disposition spéciale ne

---

[364] Le tribunal de grande instance est le juge de droit commun en matière pénale ; voir l'article 75 de la Loi n° 2019-015, préc.
[365] Articles 89 et suivants la Loi n° 2019-015, préc.
[366] Article 1er, A, 2° de la Loi n° 78-35, préc.
[367] Article 1er, A, 2° de la Loi n° 78-35, préc.
[368] Article 370 du Code de procédure pénale togolais.

l'exclut expressément[369]. Par exemple, les actes et décisions du juge d'instruction sont susceptibles d'appel devant la chambre d'instruction des cours d'appel[370].

De même, les ordonnances du juge d'instruction ne dérogent pas au droit d'appel. En effet, par suite d'une ordonnance de non-lieu, il est permis à la partie civile de pouvoir faire appel devant la chambre des appels correctionnels puisque la loi dispose que l'appel est recevable dans les délais de droit commun en matière correctionnelle[371] et que *« L'appel est porté devant la Chambre des appels correctionnels statuant dans les mêmes formes que le Tribunal »*[372].

Mais, il y avait lieu de s'interroger sur la nécessité d'un double degré de juridiction pour les infractions les plus graves à savoir les crimes. L'on pouvait lire, en France, dans le rapport sur le projet de loi portant réforme de la procédure criminelle ce qui suit : « *il paraît particulièrement anormal que pour les infractions moins graves que constituent les délits et certaines contraventions, il existe un double degré de jugement, alors que pour un crime, qui constitue par définition l'infraction la plus grave, on soit jugé en premier et dernier ressort* »[373].

---

[369] Voir pour une exclusion de l'appel, article 134 al. 2 du Code de procédure pénale togolais.

[370] Articles 158 et 159 du Code de procédure pénale togolais.

[371] Article 74 al. 4 du Code de procédure pénale togolais.

[372] Article 74 al. 5 du Code de procédure pénale togolais.

[373] Jean-Marie GIRAULT, Sénateur, Rapport n° 275 : Réforme de la procédure criminelle, 1996/1997 ayant précédé l'introduction de la Loi du 15 juin 2000 en France, consulté le 26 mai 2024 sur https://www.senat.fr/rap/l96-275/l96-27521.html, Projet de loi portant réforme de la procédure criminelle - Sénat (senat.fr). Selon le même rapport, ce sentiment est aussi exprimé par le Haut comité en ces termes : « la discrimination qui existe à cet égard entre les dossiers

Cette motivation a sans doute été partagée par le législateur togolais qui a institué depuis la loi de 2019 portant code de l'organisation judiciaire un double degré de juridiction en matière criminelle.

B – L'extension du double degré de juridiction à la matière criminelle

17. – L'institution d'un double degré de juridiction en matière criminelle de droit commun.

L'analyse de l'organisation judiciaire togolaise depuis la Loi n° 2019-015 du 30 octobre 2019 laisse percevoir un droit d'accès à la justice criminelle plus épanoui, en raison du double degré de juridiction désormais institué en ce qui concerne les infractions criminelles. Les juridictions répressives ont ainsi fait l'objet d'un réaménagement qui reflète un progrès structurel de l'accès au juge pénal.

De fait, l'institution des cours criminelles d'appel rompt depuis lors avec la tradition des cours d'assises statuant en premier et dernier ressort sur les affaires criminelles et qui étaient fortement critiquées[374]. Avec cette pratique des

---

ordinaires et les procédures criminelles est particulièrement injustifiable. Comment admettre que celui qui commet une infraction bénigne jouisse de garanties supérieures à celui qui se voit reprocher les infractions les plus graves, punies d'une peine d'emprisonnement de dix années au moins ? ».

[374] Voir Marie-Hélène GOZZI, « La réforme des cours d'assises : entre nécessité et utilité, LPA 16 févr. 1996, n° PA199602102, p. 6 ; C. MARSAT, « Cour d'assises : l'absence du double degré de juridiction avant la loi du 15 juin 2000 », Droit pénal n° 6, juin 2001, chron. 28 ; Henri ANGEVIN, « Mort d'un dogme, à propos de l'instauration, par la loi du 15 juin 2000, d'un second degré de juridiction en matière criminelle », JCP G, n° 40, 4 octobre 2000, doctr. 260.

cours d'accises, l'absence[375] du double degré de juridiction privait les accusés d'un accès à un juge répressif d'appel dont l'office aurait permis de connaître à nouveau de l'ensemble de l'affaire tant en fait qu'en droit. Aujourd'hui, l'institution au Togo du double degré de juridiction en matière criminelle au profit des citoyens est fortement saluée.

Le second degré de juridiction en matière criminelle est assuré par les cours criminelles d'appel qui sont une formation permanente des cours d'appel[376]. Elles statuent sur les appels interjetés contre les décisions rendues en premier ressort par les tribunaux criminels. Ces tribunaux criminels sont une formation permanente des tribunaux de grande instance chargés de juger au premier degré les infractions qualifiées de crimes au sens du Code pénal togolais[377].

Le Togo est l'un des pays de l'Afrique de l'Ouest qui se distingue par cette institution du double degré de juridiction en matière criminelle. À rebours de l'organisation judiciaire actuelle au Togo, les cours d'assises sont encore en vigueur au Bénin. Les articles 81 et 82 de la Loi n° 2001-37 du 27 août 2002 portant organisation judiciaire en République du Bénin prévoient une cour d'assises établie au siège de chaque cour d'appel[378] et

[375] Voir l'article 28 alinéa1er de l'Ordonnance n° 78-35 et l'article 259 de la Loi n° 83-1 du 2 mars 1983 instituant le Code de procédure pénale.

[376] Voir les articles 67 et suivants de la Loi n° 2019-015 du 30 octobre 2019 portant Code de l'organisation judiciaire au Togo.

[377] Voir l'article 88 de la Loi n° 2019-015 du 30 octobre 2019 portant Code de l'organisation judiciaire au Togo.

[378] Exceptionnellement, lorsque les circonstances l'exigent, la Cour d'assises peut se tenir au siège d'un Tribunal de Première Instance désigné par arrêté du ministre chargé de la justice, sur proposition du président de

chargée de connaître en premier et dernier ressort des infractions criminelles.

L'apport des juridictions d'appel au Togo est certain et permet de réduire les risques d'erreurs judiciaires en soumettant les affaires criminelles à la nouvelle appréciation d'une juridiction supérieure. La doctrine soutient d'ailleurs que « *les juges du second degré sont plus expérimentés que ceux du premier, et parfois aussi plus nombreux* »[379]. Le double degré de juridiction est aussi institué en ce qui concerne les infractions militaires.

18. – Le double degré de juridiction en matière d'infractions militaires.

Au Togo, il est possible d'exercer un recours contre les décisions du tribunal militaire. L'appel contre lesdites décisions relève de la compétence de la cour d'appel militaire qui se présente comme une juridiction spécialisée du second degré, sinon la seule de ce genre. L'organisation de la cour d'appel militaire est prévue par les dispositions des articles 35 et suivants du code de justice militaire du Togo. Conformément à l'article 36 de ce texte, cette cour d'appel militaire comprend « *un (01) parquet général militaire ; une (01) chambre de contrôle de l'instruction ; une (01) ou plusieurs chambre(s) des appels correctionnels ; une (01) ou plusieurs chambre(s) criminelle(s) ; un (01) greffe militaire* ».

Ainsi, les recours en matière correctionnelle sont connus par une chambre d'appel correctionnel alors que les recours en

---

la Cour d'appel après avis du procureur général ; voir les articles 250 et suivants du Code de procédure pénal béninois.

379 Haritini MATSOPOULOU, Droit pénal général et procédure pénale, Sirey, 21e éd., p. 276.

matière criminelle sont connus par une chambre criminelle. Il est cependant permis de relever que les juridictions militaires ne constituent pas un ordre de juridiction à part entière. De la sorte, les pourvois contre les décisions de la cour d'appel miliaire seront connus par la Cour suprême dans les conditions, formes et délais prescrits par la loi organique portant organisation et fonctionnement de la Cour suprême du Togo[380].

D'ailleurs, la récente révision de la Constitution togolaise institue désormais une Cour de cassation pour l'ordre judiciaire[381]. Sans doute, cet état de choses commande par ailleurs une révision prochaine de la loi sur l'organisation judiciaire. Néanmoins, cette juridiction d'appel en matière d'infractions militaires n'a pas encore siégé.

Son institution dans les textes reste tout de même le témoignage d'une volonté d'améliorer les garanties des citoyens, en l'occurrence les justiciables militaires. En tout état de cause, chacun a le droit d'être jugé une seconde fois par une juridiction de rang supérieur. Aussi, chacun devrait-il être géographiquement le plus proche possible du juge répressif, c'est là aussi une condition d'une bonne justice répressive.

---

[380] Loi organique n° 97-05 du 6 mars 1997 portant organisation et fonctionnement de la Cour suprême du Togo.

[381] Voir l'article 58 de la Loi n° 2024-005 du 6 mai 2024 portant Constitution de la République togolaise

Section 2– Les regrets d'une défiguration labyrinthique de l'accès au juge pénal

19. – Plan

La réorganisation judiciaire au Togo issue de la Loi n° 2019-015, au-delà du progrès qui est noté, ne laisserait pas moins quelques-uns dans un certain regret. En effet, la nouvelle architecture judiciaire ne simplifierait pas idéalement pour les justiciables le droit d'accès au juge, en général, et au juge répressif, en particulier alors même que le progrès du droit tient aussi à la simplification[382]. Ceux-ci ne seraient pas à l'abri d'une double galère lorsque cette nouvelle organisation reflète l'image d'un labyrinthe qui dé-configure les schémas et chemins d'accès au juge pénal.

En admettant qu'un labyrinthe soit un réseau compliqué de chemins, de galeries et, donc, de dédales dont on a peine à sortir, la diversification et la spécialisation induite par la "dé-configuration" des juridictions compliqueraient

---

[382] Voir notamment, CE français, « Étude annuelle 2016 : Simplification et qualité du droit – Dossier de presse », septembre 2016, p. 2 : « la plupart des grands États européens ont érigé la simplification et la qualité du droit en politique publique autonome [...] » ; Michel Van de KERCHOVE, « Rien n'est simple, tout se complique. La complexité, limite à la simplification du droit », Presse de l'Université de Toulouse Capitole, p. 105 à 122, Jean-Eric SCHOETTI, « Simplification du droit et Constitution », AJDA 2003, p. 1391. Ph. DUBOIS, « L'intelligibilité de la loi », in *Libres propos sur les sources du droit, Mélanges en l'honneur de Philippe JESTAZ*, Dalloz, 2006, p. 135. Valérie LASSERRE-KIESOW, « La compréhensibilité des lois à l'aube du XXIe siècle », D 2002, chron. p. 1157 ; MONTESQUIEU, *De l'esprit des lois,* Livre VI, Chapitre II : « La complexité, limite à la simplification du droit. Lorsqu'un homme se rend plus absolu, [il] songe [...] d'abord à simplifier les lois ». Adde. B. SAUGEY, Rapport Sénat 30.04.2003, n° 266 ; E. Blanc, Rapport Assemblée nationale 3.10.2007 n° 244 ; E. BLANC, Rapport Assemblée nationale, 24.11.2009 n° 2095.

davantage pour les justiciables les dédales d'accès direct et certain au juge (répressif) compétent. De plus, l'image du labyrinthe s'imposerait à l'esprit dans la mesure où après l'épreuve des dédales de la compétence, le justiciable constatera souvent que le juge répressif compétent est éloigné de lui.

Un tel éloignement des juridictions pénales pour certains citoyens serait une atteinte à leurs droits fondamentaux d'égalité devant la loi et la justice[383]. Dès lors, le sentiment d'un regret vient relativiser le progrès de la Loi n° 2019-015 dans la mesure où le labyrinthe de la nouvelle organisation judiciaire complique les dédales de la compétence juridictionnelle (**A**) pour conduire sur un parcours sinueux au bout duquel le juge répressif est souvent éloigné des justiciables (**B**).

§ 1 – La complication des dédales de la compétence des tribunaux

20. – Plan

L'accès au juge répressif est tributaire de la compétence juridictionnelle. Cette compétence juridictionnelle implique que la juridiction appropriée pour exercer la poursuite ou pour juger et sanctionner ou non, au besoin, prononcer le dédommagement d'éventuelles victimes en passant par l'instruction préparatoire si besoin en était, d'une part, et les juridictions appropriées pour l'exercice des voies de recours, d'autre part, soient déterminées avec exactitude et conformément à la loi[384].

---

[383] Article 2 de la Constitution togolaise. Voir en ce sens, Penal reform international, « Manuel de justice pénale : vers une efficacité renforcée des lois et des politiques », 2010, p. 48.

[384] Voir Article 4 de la Loi n° 2019-015, préc.

Or, si nul n'est censé ignorer la loi, le sujet de la détermination de la compétence juridictionnelle est une affaire délicate et périlleuse, car elle est la porte d'accès au juge et comporte pour les praticiens et pour les justiciables le risque de l'irrecevabilité. Déjà, par le passé, la diversification et la spécialité des juridictions n'étaient pas aussi affinées. De ce fait, la diversité et les avancées de l'affinement des compétences des juridictions réalisées et constatées dans les précédents développements ajouteraient à l'épineux et délicat sujet de la détermination de la juridiction compétente davantage de complexité.

Il est sans doute à craindre une désorientation des justiciables qui pourraient s'égarer dans les méandres de la "dé-configuration" des compétences juridictionnelles (**1**) ou dans les impasses d'une spécialisation inachevée (**2**).

A – La désorientation par la dé-configuration des compétences juridictionnelles

21. – La désorientation induite par le nouvel ordre judiciaire.

L'aiguille d'une boussole doit garder le cap nord. Au cas contraire, le navigateur peut être désorienté. Cette métaphore reflète plus ou moins la situation des justiciables face à la dé-configuration de l'organisation judiciaire au Togo issue de la Loi n° 2019-015. En effet, sous l'empire de l'Ordonnance N° 78-35, l'orientation du justiciable vers le juge répressif était plus ou moins simplifiée par l'existence d'une seule direction ou d'un seul cap (le nord d'une boussole) en raison du fait que les juridictions de première instance concentraient des compétences de droit commun en matière civile et pénale sous la forme d'un guichet unique.

Désormais, « ce guichet » unique d'accès au juge est fermé par le fait de la diversification, de la spécialisation et de la précision du champ des compétences des juridictions de sorte que la facilité d'accès au juge répressif ne soit plus aussi simple, car il faut maîtriser la compétence de chaque juridiction pour une saisine fructueuse.

22. – La non-maîtrise des règles de compétences par le citoyen, exacerbée !

De fait, la compétence[385] désigne « *l'étendue du pouvoir de juger qui appartient à chaque juridiction* »[386]. Elle peut être matérielle ou territoriale. Dans le premier cas, aussi désignée sous le vocable de compétence d'attribution ou compétence *rationae materiae*, cette compétence renvoie à l'aptitude d'une juridiction à connaître des litiges en fonction de leur nature[387]. Dans le second cas, aussi désignée sous le vocable de compétence territoriale ou compétence *ratione loci,* cette compétence précise quelle est, parmi, les juridictions d'une même catégorie réparties sur le territoire, celle qui devra connaître de l'affaire[388]. Il s'agit en d'autres termes de l'aptitude d'une juridiction à connaître d'une affaire en raison de sa localisation géographique.

[385] Les règles de compétence permettent de déterminer, au sein de l'organisation juridictionnelle, la juridiction compétente selon son ordre (matière administrative, pénale ou civile), son degré (premier degré, second degré ou cassation), sa nature et le lieu de son siège. Bref, elles permettent de savoir quelle juridiction est habilitée à statuer sur une question juridique donnée.

[386] Roger PERROT, Institutions judiciaires, Montchrestien, 11e éd., 2004, p. 415.

[387] Serge GUINCHARD et Thierry DÉBARD, Lexique des termes juridiques, Dalloz, 31e éd., 2023, p. 172.

[388] Ibid., p. 173.

Si la maîtrise des règles de compétence des tribunaux répressifs facilite la saisine des juridictions, leur méconnaissance compliquerait *a contrario* cette saisine. À la vérité, la pluralité des juridictions peut constituer une source de blocage ou de confusion dans l'esprit des justiciables qui s'accommodent peu avec la distinction que la loi portant code de l'organisation judiciaire opère entre les juridictions, qu'elles soient de droit commun ou spécialisées. En quelque sorte, la diversité des règles de compétence ne militerait pas en faveur de la liberté de choix des citoyens, puisque les règles de compétences peuvent être d'ordre public[389] de sorte à ne pas laisser la compétence des juridictions au libre loisir des justiciables.

Il est permis de constater que la Loi de 2019 portant code de l'organisation judiciaire au Togo offre une reconfiguration de la compétence des juridictions répressives de sorte que le paysage juridictionnel répressif devient quelque peu inhabituel pour le citoyen qui n'a pas toujours l'assistance d'un avocat. La doctrine a souvent mis en exergue les difficultés des plaideurs à se conformer aux « rituel »[390] très rigoureux qui accompagnent tout le déroulement du procès[391]. La diversité des juridictions, en raison de l'institution de nouvelles juridictions, entrainerait aussi une diversité des règles de compétence matérielle qui serait ardue à maîtriser par les justiciables.

[389] En matière civile, pénale et administrative, les règles de compétences territoriales sont d'ordre public.

[390] Le rituel renvoie au formalisme des procédures juridictionnelles.

[391] Voir Prosper NKOU MVONDO, « La crise de la justice de l'État en Afrique noire francophone. Études des causes du « divorce » entre la justice et les justiciables », Penant, 1997, p. 221 et suivantes.

Dans bien des cas, les justiciables pourraient saisir à tort des juridictions et pourraient être lassés au point de renoncer à saisir les juridictions répressives. À titre d'exemple, il n'est pas aisé à un citoyen d'une localité rurale éloignée de comprendre que pour une infraction de viol qualifiée de crime en droit togolais, la juridiction compétente n'est pas le tribunal à compétence exclusivement civile de sa préfecture. Ce n'est pas non plus le tribunal à compétence correctionnelle de la préfecture voisine, mais plutôt le tribunal de grande instance du chef-lieu de la région.

Comment aussi expliquer à un justiciable que la juridiction de sa localité qui n'est qu'un tribunal à compétence exclusivement civile n'est pas compétente pour connaître des cas de vols pour lesquels il aimerait la saisir. Ces situations se présenteraient quelques fois comme désagréables pour les citoyens qui seraient contraints de renoncer à leur droit d'accès à la justice répressive. En outre, la dé-configuration des tribunaux n'est pas exempte de critiques eu égard à la question de la spécialisation des juges répressifs.

B – Les impasses d'une spécialisation pertinente inachevée

23. – Le manque de spécialisation des juges répressifs pour les infractions économiques et financières.

Aujourd'hui, la criminalité a cours sous plusieurs formes, voire des formes spéciales. Jean CARBONNIER affirmait que « *l'évolution des mœurs et des techniques donne naissance à de nouvelles formes de délinquance* »[392]. Cette situation

[392] Jean CARBONNIER, Sociologie juridique, éd. A. Colin, 1972, cité par Romain BOOS, in La lutte contre la cybercriminalité au regard des actions des États, thèse de doctorat, Université de Lorraine, p. 23.

nécessite des moyens spéciaux pour être réprimée. Or, les infractions économiques et financières sont toujours connues par des juridictions de droit commun au Togo.

Au rang des infractions économiques ou financières, le blanchiment de capitaux est de plus en plus évoqué. Au surplus, il est même souvent question du cyberblanchiment de capitaux, impliquant ainsi une expression de ces infractions par des moyens numériques de plus en plus subtils dans un environnement davantage virtuel. Cet état de choses commande aussi des juridictions spécialisées consacrées à ce type de criminalité afin d'aboutir à une réponse pénale plus prompte, plus réactive ou plus adaptée. Ces juridictions auraient une bonne connaissance des modes opératoires de ces types d'infractions.

Certes, les institutions communautaires à l'exemple du Groupe d'action intergouvernemental contre le blanchiment d'argent (GIABA) apportent un appui technique aux États membres à travers l'appréhension des techniques, méthodes, schéma, tendances et impacts du blanchiment de capitaux. Mais, il apparait qu'en définitive le « sceau » de la répression revient au juge répressif qui doit être un juge spécial.

Il est établi que la spécificité des activités économiques et financières a justifié l'institution d'un juge spécial, le juge commercial. L'on pourrait légitimement s'attendre aussi à l'émergence d'un juge spécial destiné aux infractions économiques et financières. La spécificité de ces infractions est un motif opportun qui sous-tendrait l'institution d'un juge spécial chargé de la délinquance économique et financière.

En France, par exemple, « *le législateur a opté pour une spécialisation en matière économique et financière des brigades de police, des parquets et des juridictions répressives* »[393]. Ainsi, la reconfiguration des tribunaux devrait prendre en compte cette préoccupation sur la spécialisation du juge répressif.

En outre, il pourrait être observé un accès plus ou moins mal achevé au juge répressif militaire dans la mesure où la question du pourvoi contre un arrêt de la cour d'appel militaire ne déboucherait qu'exceptionnellement[394] devant la chambre judiciaire de la Cour suprême (bientôt mutée en Cour de cassation[395]). En effet, l'article 110 de la Loi n° 2016-008 qui prévoit le pourvoi en cassation contre les arrêts de la cour d'appel militaire[396] est placé sous un

[393] Voir la Loi du 6 août 1975 aux articles 704 et suivants. Corinne MASCALA souligne que cette spécialisation est, dans certains cas, « poussée à l'extrême puisqu'elle débouche sur une attribution exclusive de compétences à un tribunal spécialisé : l'exemple des infractions boursières, le délit d'initié et infractions assimilées, est significatif (Compétence exclusive du TGI de Paris, art. 704, suivants. CPP (Loi de sécurité financière 1er août 2003) » ; voir Corinne MASCALA, « Le juge pénal face aux infractions d'affaires », in La légitimité des juges, Presse de l'Université des sciences sociales de Toulouse, 2003, p. 48.

[394] Cf. Loi n° 2016-008, Titre IV – « Des voies de recours », Chapitre II – « Des voies de recours extraordinaires ».

[395] Article 58 alinéa 1er de la Loi n° 2024-005 du 6 mai 2024 portant Constitution de la République togolaise.

[396] Selon le texte : « Les arrêts rendus par la Cour d'appel militaire sont susceptibles de pourvoi en cassation devant la chambre judiciaire de la Cour suprême dans les conditions, formes et délais prescrits par la loi organique portant organisation et fonctionnement de la Cour suprême du Togo ».

Chapitre expressément intitulé : *« Des voies de recours extraordinaires »*[397].

Le pourvoi en cassation, bien qu'appréhendé traditionnellement par la doctrine comme une voie de recours extraordinaire par la majorité de la doctrine est souvent l'une des voies de recours normales du moment où la règle de droit n'aurait pas été bien appliquée à l'égard d'une des parties engagées dans un procès. Ce ne serait donc pas recours d'exception[398]. De ce point de vue, en le consacrant expressément comme « extraordinaire » et en ne retrouvant pas les traces de son organisation dans les textes législatifs du droit positif togolais[399], il s'en trouverait que l'accès au dernier étage des juridictions militaires serait incertain.

Il est donc souhaitable que les textes à venir à la suite de la Constitution et de la Loi n° 2019-015, qui vont réorganiser la juridiction suprême au Togo, accèdent au mieux à l'achèvement net et clair de la construction de l'édifice d'une justice militaire accessible à tous les degrés et à tous égards. De plus, la spécialité de ce contentieux appellerait, en principe, une chambre spécialisée avec des juges spécialisés pour un traitement des litiges en meilleur accord avec toute la philosophie qui a présidé à la

---

[397] Comp. avec le régime de l'ancienne Loi n° 81-5 du 30 mars 1981, portant code de justice militaire dont le Titre premier, Chapitre VIII place de pourvoi en cassation sous le simple intitulé « Des voies de recours » pour insinuer que le pourvoi en cassation n'est pas une voie de recours exceptionnelle (article 55).

[398] Voir article 11 Loi organique n° 97-005 du 6 mars 1997 portant organisation et fonctionnement de la Cour suprême ; articles 219 et suivants de la Loi n° 2021-007 du 21 avril 2021 portant code de procédure civile.

[399] Notamment, la Loi organique n° 97-005 du 6 mars 1997 ; la Loi n° 2016-005, révisée par la Loi n° 2022-007 et la Loi n° 2021-015.

consécration d'une juridiction militaire aux côtés des juridictions répressives traditionnelles de droit commun.

L'idéal d'une juridiction spécialisée n'en serait que visiblement et apparemment bien affirmé qu'avec une « chambre militaire » instituée dans la future Cour de cassation. Dans l'esprit de l'article 59 de la Constitution togolaise[400] et en s'inspirant de l'organisation de la Cour de cassation française, cet idéal apparait souhaitable, réaliste et réalisable aussi bien pour raison de la spécialité et de confidentialité du contentieux militaire que pour les autres contentieux spéciaux.

Notamment, à l'image de ce qui existe en France, les tribunaux commerciaux pourraient avoir leur instance suprême représentée devant une chambre commerciale de la juridiction suprême ; le contentieux social pourrait s'achever devant la juridiction suprême en sa chambre sociale ; les contentieux civils déférés aux chambres civiles de la juridiction suprême et une chambre militaire dédiée à l'élévation au niveau suprême du contentieux criminel militaire.

Mais, au-delà de la question de la spécialisation des juges répressifs, il peut aussi être relevé l'éloignement géographique des juridictions. Ceci a, sans doute, des impacts négatifs sur l'accès rapide et facile à de telles juridictions.

[400] « Les tribunaux spécialisés sont les tribunaux de travail, les tribunaux de commerce, les juges des enfants et les tribunaux pour enfants, les tribunaux et les cours d'appel militaire. Elles tranchent les litiges dans leurs matières respectives ».

§ 2 – L'éloignement du juge répressif au bout d'un parcours sinueux

24. – Plan

Les compétences plus ou moins larges des tribunaux de première instance d'antan[401] sont redéfinies par la Loi n° 2019-015[402] qui reconfigure la compétence matérielle de ces juridictions[403]. Certaines sont dépouillées d'une partie plus ou moins importante de leurs attributions[404] avec comme corolaire un remaniement de la compétence territoriale des juridictions répressives[405]. De ce renouveau, il découle le constat d'un éloignement des juridictions pénales en contradiction avec l'idéal d'une juridiction correctionnelle de « proximité »[406] (**1**) et un éloignement encore remarquable de certaines juridictions répressives (**2**).

---

401 L'article 1er, 3° de l'Ordonnance n° 78-35 du 7 septembre 1978 dispose que les tribunaux de première instance siègent en matière civile, commerciale, et correctionnelle.

402 Cette Loi est complétée par le Décret d'application n° 2020-114/PR, préc.

403 Notamment, articles 21, 75 et suivants ; 96 et suivants ; 105 et suivants de la Loi n° 2019-015, préc.

404 C'est le cas des TIC conformément aux articles 21 et 22 puis 101 et suivants de la loi n° 2019-015, préc.

405 Voir Article 69 (TGI) ; 89 (TICC) et 101 (TIC) de la Loi n° 20219-015, préc.

406 Le terme n'est pas employé dans sa connotation juridique telle qu'il est admis. Sur la notion de proximité et son évolution, voir Anne WYVEKENS, « La justice de proximité : rapprocher la justice des citoyens ? », Les Cahiers français : documents d'actualité, n° 334, 2006, disponible sur hal-02319587, 6 pages.

A – La contradiction de l'idéal d'une juridiction correctionnelle de « proximité »

25. – L'idéal d'un juge de « proximité » contredit par la reconfiguration des juridictions togolaises.

Avoir des juridictions proches de son domicile, pour répondre promptement, en temps réel et avec toute l'humanité nécessaire est l'affirmation d'un idéal en matière d'accès à la justice et l'expression d'un sentiment légitime de justice[407] de la plupart des citoyens. En prenant appui sur ce qui est exprimé ailleurs, notamment en France, en tant que droit fondamental de l'Homme, et donc, une attente partagée par toutes les composantes de l'humanité où qu'elle soit, il peut être observé que *« [...] des rapports successifs visent à établir ce qui pourrait servir de base aux législations de « modernisation de la justice », ayant pour trait principal un accès plus facile des personnes à la justice et une satisfaction plus rapide de leurs droits »*[408].

Ces traits principaux des objectifs des législations tendant à la modernisation de la justice sont-ils idéalement retracés par la Loi n° 2019-015 et le Décret n° 2020-114/PR du 23 décembre 2020 qui reconfigurent l'organisation judiciaire au Togo ? De toute évidence, une réponse mitigée s'impose à l'observateur. L'idéal d'un accès plus facile et plus rapide au service public de la justice ne serait pas tout à fait satisfait. Il est plutôt contredit dès lors qu'il est observé que la compétence correctionnelle déserte certains tribunaux d'instance devenus de simples tribunaux d'instance à compétence civile[409]. De ce fait, il sera constaté un

[407] Marie-Anne FRISON-ROCHE, « Le juge et le sentiment de justice », in Le juge et le droit de l'économie. Mélanges Pierre BÉZARD, Petites affiches-Montchrestien, 2002, p. 41 à 53.

[408] Marie-Anne Frison-Roche, « Le droit d'accès à la justice », préc., p. 523.

[409] Pour exemple, le Tribunal de Badou, de Bafilo…

renouveau de l'éloignement de la justice répressive des justiciables mitigeant le progrès dans l'accès au juge pénal.

26. – Le renouveau de l'éloignement des tribunaux correctionnels.

D'après la reconfiguration actuelle des tribunaux correctionnels, il est dénombré non seulement des tribunaux de grande instance[410], mais aussi des tribunaux d'instance à compétence correctionnelle et civile[411] qui sont compétents en matière pénale[412]. Cependant, malgré les efforts perceptibles fournis par les pouvoirs publics aux fins d'une amélioration de la répartition des juridictions sur le territoire togolais, l'accès à ces juridictions reste encore un défi à surmonter en raison du faible maillage des juridictions répressives sur l'étendue du territoire togolais.

Il peut toujours être remarqué qu'il existe encore dans certaines localités, en l'occurrence certaines préfectures, des tribunaux d'instance qui n'ont qu'une compétence exclusivement civile[413]. De ce point de vue, les citoyens des

[410] Articles 75 et 76 de la Loi n° 2019-015, préc.

[411] Articles 96 et 97 de la Loi n° 2019-015, préc.

[412] Les TGI sont pénalement compétents pour connaître : « [...] de toutes les infractions de droit commun ; - des demandes de mise en liberté formées par toute personne détenue et poursuivie devant lui ; - de l'action en réparation du dommage causé par l'infraction, sauf dispositions contraires ; - de l'application des peines » aux termes de l'article 76 de Loi n° 2019-015 tandis que les tribunaux d'instance à compétence correctionnelle et civile voient leurs domaines de compétence pénale ouverts à « [...] toutes les infractions qualifiées délits ou contraventions quelles que soient les peines encourues, sauf les exceptions prévues par la loi notamment, en cas de connexité ; - des demandes de mise en liberté formées par toute personne détenue et poursuivie devant lui ; - de l'application des peines » d'après les dispositions de l'article 96 de la Loi n° 2019-015, préc.

[413] Articles 101 et 105 de la Loi n° 2019-015, préc.

localités du ressort de ces tribunaux n'ont pas un accès de proximité ou perdent cet accès facile au juge répressif puis que dans ces préfectures, lesdits tribunaux ne peuvent pas ou ne peuvent plus connaître des affaires pénales[414]. En effet, suivant le Décret n° 2020-114/PR fixant le siège et le ressort des juridictions de droit commun du 23 décembre 2020, il s'agit de seize (16) tribunaux dont, notamment[415] : les tribunaux de Badou, de Bafilo, Mandouri, de Niamtougou, de Pagouda, de Blitta, de Danyi, de Kévé, de Tabligbo.

En clair, les préfectures[416] dont ces tribunaux sont le siège sont privées d'un proche accès au juge répressif correctionnel. Pour y avoir accès, les populations de ces préfectures n'ont d'autres choix que d'aller saisir les tribunaux des autres préfectures qui ont une compétence correctionnelle, mais qui restent tout de même plus éloignées. Cet éloignement est d'autant plus regrettable que certains citoyens avaient bénéficié d'une juridiction répressive tout près de leur domicile qui leur assurait un accès facile au juge pénal.

Désormais, les voilà éloignés d'accès au juge répressif[417] comme bon nombre de togolais[418] : certains bons acquis sont remis

---

[414] C'est le cas notamment, des tribunaux de Badou, de Bafilo, de Kantè, de Tabligbo qui étaient des tribunaux d'instance compétents tant en matière correctionnelle que civile sous l'égide de l'Ordonnance de n° 78-35 du 7 septembre 1978, préc.

[415] Cette liste est complétée par les tribunaux de Tandjoaré, Guérin-Kouka, Tchamba, Elavagnon, Amlamé, Agou, Tohoun.

[416] Il s'agit des préfectures de Kpendjal-Ouest, Tandjoaré, Doufelgou, Dankpen, Binah, Assoli, Tchamba, Blitta, Est-Mono, Wawa, Akébou, Amou, Danyi, Agou, Moyen-Mono, Avé, Yoto.

[417] Par exemple, un justiciable de Badou, naguère siège d'un tribunal d'instance, compétent en matière correctionnelle, subit désormais un éloignement du juge répressif de 87 kilomètres avec le Décret n° 2020-114/PR.

en cause... Un tel éloignement emporte de lourdes conséquences sur l'accès au juge pénal tant pour les officiers de police judiciaire (OPJ), la victime, le prévenu, les témoins, sur la procédure pénale, la célérité et la surcharge des lointains tribunaux d'instance à compétence correctionnelle et civile et les tribunaux de grande instance, etc.

27. – Le regret d'un point de vue rationnel et de bon sens.
La reconfiguration qui aboutit à la régression du nombre des juridictions répressives compétentes en matière correctionnelle et l'éloignement que tout cela induit ne constituent pas un bond qualitatif[419]. Sur le plan de la régression en termes de ratio, en se référant au Décret ci-dessus cité fixant le siège et le ressort des juridictions de droit commun, il n'est actuellement dénombré sur l'ensemble du territoire togolais que quatorze (14) tribunaux ayant une compétence répressive[420] contre vingt-six (26) tribunaux d'instance dans un passé récent[421], et ce pour une population estimée à huit millions quatre-vingt-quinze mille quatre cent quatre-vingt-dix-huit (8.095.498)

---

[418] Bon nombre de Préfectures togolaise sont dépourvues de juridiction. À titre indicatif : les Préfectures du Bas-Mono, d'Anié, de Kpélé, de Mô, d'Oti-Sud, etc.

[419] La professeure FRISON-ROCHE, renseigne que la France qui a connu « par un décret du 31 décembre 2010 » une nouvelle carte judiciaire réduisant le nombre de juridictions sur le territoire a vu sa réforme « très contestée en ce qu'elle rend plus difficile le contact du justiciable avec un juge, rendu ainsi plus éloigné » in « Le droit d'accès à la justice », préc., p. 527.

[420] Neuf (9) tribunaux à compétence exclusivement correctionnelle et cinq (5) tribunaux à compétence criminelle et correctionnelle (les TGI).

[421] Voir Akodah AYEWOUADAN, « Brève présentation de l'organisation judiciaire togolaise », KAS African Law Study Library, n° 4, 2017, p. 257 et 258.

habitants, soit un ratio de cinq cent soixante-dix-huit mille deux cent cinquante (578.250) contre trois cent onze mille trois cent soixante-cinq (311.365) habitants par tribunal répressif.

Il y a déjà un recul que ce ratio révélait bien un nombre insuffisant des tribunaux répressifs pour l'ensemble des citoyens togolais. Il faudrait que l'accès à la justice répressive soit proche des citoyens et que son accès soit ainsi aisé pour eux, car c'est là même une « *condition d'une bonne justice* »[422]. Or, sur le plan du bon sens, à bien regretter et à bien scruter la source de l'éloignement, on se rend compte que la fixation du siège de ces tribunaux répressifs est déterminée par l'impératif de la présence d'un établissement pénitentiaire dans la préfecture[423] alors même que la matière correctionnelle rime moins avec la peine d'emprisonnement.

Aussi, le cas de la région maritime peut-il être particulièrement évoqué. La concentration de la population diffère à l'évidence d'une localité à une autre. L'on peut en effet relever une forte concentration démographique dans la région maritime et particulièrement à Lomé. Or, la ville de Lomé, qui est la capitale et la plus grande ville du Togo, n'abrite qu'un seul tribunal répressif. Depuis 2022, il est créé au sein de la région maritime une entité territoriale particulière dénommée « District autonome du grand Lomé »[424].

---

[422] René CASSIN, Dualité de juridictions, la justice, PUF, 1961, p. 720.

[423] Voir article 6 du Décret n° 2020-114 : « Les tribunaux d'instance à compétence correctionnelle et civile siègent dans les villes, chefs-lieux des préfectures abritant un établissement pénitentiaire ».

[424] Voir l'article 324-4 de la Loi n° 2022-011 du 4 juillet 2022 portant modification de la Loi n° 2007-011 du 13 mars 2007 relative à la

Le District autonome du Grand Lomé regroupe deux (02) préfectures à savoir « Golfe » et « Agoè-Nyivé » et treize (13) communes[425]. Cette nouvelle subdivision au sein de la région maritime ne commanderait-elle pas l'institution d'un second tribunal de grande instance ou du moins d'un tribunal d'instance à compétence correctionnelle au sein de la région Maritime dont les populations sont, en revanche, moins exposées à la distanciation des juridictions criminelles[426] et de recours[427].

B – La distanciation encore regrettable de certaines autres juridictions pénales

28. – L'éloignement des juridictions criminelles et des juridictions du second degré.

Il faut savoir gré à la loi de 2019 sur l'organisation judiciaire au Togo d'avoir institué des juridictions criminelles de second degré. Cependant, ces juridictions criminelles sont abritées par les tribunaux de grande instance qui ne sont institués que dans les chefs-lieux des régions administratives. Il s'agit des tribunaux de grande instance de Dapaong pour la région des Savanes, de Kara pour la région de la Kara, de Sokodé pour la région Centrale, d'Atakpamé pour la région

---

décentralisation et aux libertés locales, modifiée par la Loi n° 2018-003 du 31 janvier 2018, la Loi n° 2019-006 du 26 juin 2019 et la Loi n° 2021-020 du 11 octobre 2021. Voir aussi la loi n° 2019-018 du 15 novembre 2019 portant attributions et fonctionnement du district autonome du Grand Lomé et la Loi n° 2022-012 du 4 juillet 2022 la modifiant.

[425] Article 2 de la Loi n° 2019-018 du 15 novembre 2019 portant attributions et fonctionnement du district autonome du Grand Lomé.

[426] Le TGI de Lomé est doté d'un tribunal criminel conformément à la Loi ° 2019-015, article 88.

[427] Juridictions répressives d'appel et de cassation.

des Plateaux et de Lomé pour la région Maritime. En somme, cinq juridictions criminelles sur toute l'étendue du territoire togolais, et ce pour huit millions d'habitants.

Au surplus, la situation des juridictions du second degré est encore plus alarmante. Qu'il s'agisse des juridictions d'appel criminelles ou correctionnelles, elles sont instaurées au sein des deux cours d'appel. Il s'agit d'une part, de la Cour d'appel de Kara ayant dans son ressort les régions de Kara, Centrale et Savanes. D'autre part, il s'agit de la Cour d'appel de Lomé ayant dans son ressort les régions Maritime et Plateaux. En bref, deux juridictions du second degré sur toute l'étendue du territoire togolais. L'éloignement des juridictions répressives d'appel serait ainsi perçu comme l'un des motifs du non-usage effectif des voies de recours par les citoyens. Ce maillage des juridictions au Togo peut pourtant être amélioré.

29. – La tentative d'amélioration de l'accès au juge à travers l'éventualité d'audiences foraines.

Le rapprochement de la justice répressive des citoyens pourrait être amélioré par la création et la construction de nouvelles juridictions. Au moins, la création d'une troisième voire d'une quatrième cour d'appel serait opportune pour l'exercice effectif des voies de recours contre les jugements. À défaut, la pratique des audiences foraines régulières pour rapprocher la justice des justiciables résidant dans les zones rurales et éloignées est aussi fortement souhaitée.

Vivement que leur prévision dans les déserts répressifs par le Décret n° 2020-114/PR[428] puisse être fréquemment mise en

[428] Voir le Décret n° 2020-114 du 23 décembre 2020, préc. : article 3 en ce qui concerne les cours d'appel ; article 5 al. 2 en ce qui concerne les TGI ; article 7 al. 2 en ce qui concerne les tribunaux d'instance à compétence correctionnelle et civile.

œuvre. Ce serait une forme louable d'un « repentir actif »[429] toujours salutaire, mais souvent insuffisant[430] pour un législateur qui essaie de se rattraper du fait de n'avoir pas assez agi pour réduire l'éloignement du justiciable du juge et améliorer l'accès à celui-ci.

30. – Vers une résurgence de la « justice traditionnelle ».
Au regard de la situation des juridictions répressives présentée ci-dessus, il se dessine sans ambages une faible couverture géographique desdites juridictions au Togo. Cet état de choses entrave sans doute l'accès des justiciables à la justice répressive.

Ce constat d'un accès géographique limité à la juridiction répressive serait quelquefois la source du renoncement des citoyens, en général, et des victimes ou témoins, en particulier, à leur droit de saisir le juge répressif pour plusieurs raisons. Grosso modo, il peut être relevé des difficultés pécuniaires pour obtenir l'assistance des

---

[429] Pour MERLE et VITU : « Le repentir actif intervient après la consommation de l'infraction, et consiste à réparer le dommage occasionné à la victime : restitution de l'objet volé, indemnisation du préjudice subi, etc. » in Traité de droit criminel, t. I, Droit pénal général, 7e éd., Cujas, 1997, n° 502. Adde Crim., 21 juin 2017, n° 16-82.607, Rev. pénit. 2017, p. 769, obs. Philippe BONFILS ; Gaz. Pal. 2017, n° 36, p. 41, obs. Stéphane. DÉTRAZ ; Crim., 27 mars 2019, pourvoi n° 18-82.484. Comp. Isabelle DEMESLAY, « Le droit de repentir », Revue juridique de l'Ouest, 1997-2. p. 153 à 174.

[430] Les difficultés d'organisation des assises dans les cours d'appel de Kara et de Lomé par le passé peuvent instruire sur le peu de réalisme de la prévision de l'éventualité des d'organisation des audiences foraines conformément à l'article 5 du Décret n° 2020-114/PR selon lequel : « Les cours d'appel peuvent siéger en audience foraine au siège d'un tribunal de grande instance, d'instance à compétence correctionnelle et civile ou d'instance à compétence civile, dans l'intérêt d'une bonne administration de la justice ».

auxiliaires de justice. Il s'agit aussi des difficultés pour ceux-ci de se déplacer vers ces tribunaux, surtout dans les zones rurales très reculées.

Dans bien des cas, en marge des soucis pécuniaires, cet état de choses entraine une survivance de la justice traditionnelle[431]. Il est rappelé que le divorce entre les citoyens et la justice « *n'est pas seulement d'ordre pécuniaire et matériel, de nature topographique et physique ou lié au déficit en matière de couverture administrative et sécuritaire. Il procède également d'une donnée de culture et de perception* »[432].

Le professeur KAMTO rappelait que « *la complexité juridictionnelle moderne dont la structuration en paliers, c'est-à-dire en niveaux de compétence et de pouvoir, complique la procédure dans les méandres de laquelle se perdent les justiciables et allonge interminablement des procès dont l'issue est toujours incertaine. Or, l'on remarque à l'inverse, la simplicité de la justice traditionnelle qui, sans*

---

[431] À en croire Marc DEBÈNE, les autorités traditionnelles sont « des conciliateurs ; elles ne se réfèrent pas à une loi préétablie qui leur donne les éléments de solution. Elles cherchent avant tout à rapprocher les positions des parties en litige. Leur rôle est plus de préserver les équilibres sociaux que de donner raison à l'un contre l'autre. Les autorités saisies se comportent alors comme des médiateurs, remplissant une fonction maïeutique, aidant les parties à trouver une solution » ; voir Marc DEBÈNE, « La justice sans juge, d'hier à demain », Afrique contemporaine, n° spécial, Documentation française, 1990, p. 87. Sur l'importance ou la rémanence de la justice traditionnelle, voir aussi Jean YADO TOE, « Les modes informels de régulation des conflits dans les quartiers pauvres de Ouagadougou », p. 317 ; René DEGNI-SÉGUI, « Modes informels de régulation dans les quartiers pauvres : l'exemple d'Abidjan », préc., p. 353.

[432] Alioune BADIANE, et autres, Pauvreté urbaine et accès à la justice, Impasses et Alternatives, L'Harmattan, 1995, p. 5.

ignorer totalement la stratification en niveaux de compétence, relativise l'importance des formes et de la procédure et présente l'avantage inestimable de se dire dans la langue des justiciables et suivant un droit dont ils connaissent les normes et les principes »[433].

L'ancrage des populations surtout rurales dans leurs cultures et traditions est tel que l'éloignement de la justice moderne est un motif de plus pour ne pas y recourir, et ce au profit de la justice traditionnelle. Les citoyens marqués par cette culture recourent souvent aux chefs traditionnels pour rechercher la justice. Ne dit-on pas que l'une des sources de fierté d'un « paysan » est d'affirmer qu'« *il n'a jamais mis pied à la justice* »[434]. Il s'avère que « *ceux-ci n'aiment pas franchir l'enceinte d'un commissariat de police ou d'un tribunal* »[435].

Ceci conduit certains citoyens à ne pas faire recours au juge répressif. Et que dire des croyances religieuses ? Elles peuvent aussi être logées à la même enseigne en termes de cultures et traditions, car « *les justiciables infortunés*

---

[433] Isaac Bolivar René NJUPOUEN, Dynamiques alternatives pour l'accès au droit et à la justice dans un contexte de pauvreté - enjeux de l'état de droit, de la gouvernance et du développement durable, Thèse de doctorat en sociologie, 2013, Université Paris-Dauphine, p. 50.

[434] C'est une paraphrase de la citation suivante : « La fierté du paysan sénégalais est de pouvoir dire : je n'ai jamais mis les pieds dans un tribunal ou un commissariat de police » ; voir Kéba MBAYE, Le droit en déroute, liberté et ordre social, Neuchâtel, éditions de la Banonnière, 1969, p. 38.

[435] S. SAWADOGO, P.-A. SOMÉ, « Étude sur l'accès à la justice au Burkina Faso », Rapport final au Ministère de la Justice et de la Promotion des Droits Humains, 2012, p. 33.

trouvent à travers la religion, une brèche autour de laquelle ils pensent pouvoir construire la défense de leurs droits »[436].

Par ailleurs, il n'est pas superfétatoire d'évoquer la question de la « sorcellerie », car elle constitue encore une zone de non-droit au Togo. L'absence de textes régissant cette question, mais aussi l'absence de juridictions spécialisées des questions de crimes relevant de la sorcellerie peuvent être analysées comme un éloignement des tribunaux répressifs. Certains États à l'instar du Cameroun ont institué des juridictions chargées de trancher les litiges y relatifs. Il y existe des juridictions connaissant des affaires impliquant la sorcellerie[437]. Faute de juridictions de ce genre au Togo, il va de soi que pour des infractions, à l'exemple des cas de meurtre liés à la sorcellerie, les citoyens préfèrent ne pas saisir les juridictions répressives au profit des juges traditionnels.

Conclusion

31. – Des avancées notables.

Ce tour d'horizon sur l'accès au juge répressif au Togo a permis de faire un état des lieux qui présente des progrès structurels, mais aussi de regrets. Les progrès sont le fait

---

[436] Isaac Bolivar René NJUPOUEN, Dynamiques alternatives pour l'accès au droit et à la justice dans un contexte de pauvreté - enjeux de l'état de droit, de la gouvernance et du développement durable, préc., p. 90.

[437] Au niveau des juridictions étatiques au Cameroun, un auteur relevait que le nombre élevé des affaires en sorcellerie qui frappent est la preuve que la sorcellerie est effectivement pratiquée et qu'il y a des infractions qui y sont liées ; voir I. B. R. Njupouen, Dynamiques alternatives pour l'accès au droit et à la justice dans un contexte de pauvreté enjeux de l'état de droit, de la gouvernance et du développement durable, préc., p. 304.

de l'amélioration de l'offre juridictionnelle répressive. Outre la gratuité de la justice répressive et l'effectivité de l'assistance juridictionnelle en matière répressive, l'amélioration de cette offre se traduit également par l'opérationnalisation des juridictions répressives spécialisées, en l'occurrence les tribunaux militaires.

Aussi, la séparation des fonctions dans les juridictions répressives se présente-t-elle mieux aujourd'hui qu'hier. Il en va de même de la garantie du double degré de juridiction qui n'était opérationnelle qu'en matière correctionnelle. Aujourd'hui, elle s'étend non seulement à la matière criminelle en droit commun, mais aussi aux infractions militaires.

32. – Du progrès à faire encore.

Cependant, cette amélioration de l'offre juridictionnelle et de la garantie du double degré de juridiction n'occulte pas certains regrets encore perceptibles. L'éloignement de la justice pénale du citoyen reste encore regretté. D'une part, la reconfiguration de la compétence des tribunaux est indexée comme cause de cet éloignement, et ce en raison essentiellement de la complexification des règles de procédure qu'elle a entrainée. D'autre part, l'éloignement géographique même de ces juridictions est la cause de ce regret. Les populations rurales très reculées sont éloignées des tribunaux à compétence correctionnelle. Il en va de même en ce qui concerne les juridictions criminelles. Pis, les juridictions répressives du second degré sont davantage éloignées.

En conséquence, les citoyens de ces zones reculées préfèrent dans bien des cas recourir aux modes traditionnelles de règlement des litiges, surtout dans des cas d'infractions liés à la sorcellerie qui reste encore une zone de non-droit au

Togo. De nouvelles juridictions doivent être créées pour pallier cet éloignement. La mise en place de tribunaux itinérants ou l'organisation des audiences foraines peuvent être essayées afin de mieux rapprocher la justice répressive des justiciables.

En définitive, les progrès de l'accès au juge, en général, et au juge répressif, en particulier, est une source de renouvellement des défis et enjeux du progrès du droit étant entendu que l'accès au juge au moyen de l'action en justice est la manifestation tangible de la réalisation et de l'accomplissement du droit.

Tout n'est donc pas encore accompli et tout citoyen est en droit de s'attendre au meilleur qui reste à venir prochainement étant entendu que la modernisation du système judiciaire peut se poursuivre sous l'axe 3 de la Feuille de route gouvernementale Togo 2025…

LA RESPONSABILITÉ PÉNALE EN TÉLÉMÉDECINE

Kouassi Efrahime N'GUESSAN
Enseignant-chercheur contractuel à l'Université de Tours
Rédacteur en chef adjoint de la Revue GestEcoDroit (France)

Introduction

1. Pendant longtemps dans l'histoire des hommes, le malade est allé auprès de son soignant, ou bien celui-ci se sera déplacé vers celui-là. Mais hélas, la distance physique entre l'un et l'autre est parfois importante ; c'est le phénomène des déserts médicaux. Dieu merci, les progrès de la technique font désormais que l'acte médical s'effectue quasiment à distance. C'est la télémédecine. Celle-ci étant à la fois un acte médical et un procédé technique, elle fait naître une dualité dans la situation du professionnel de santé. En effet, les médecins se servent des procédés techniques pour la réalisation des actes médicaux. Dès lors, leur responsabilité peut être engagée pour des dommages causés au malade ; à l'occasion de l'acte de soins ou du fait de l'utilisation des moyens techniques.

2. Ces moyens techniques permettent également au professionnel de la santé de collecter, dématérialiser et transférer des informations de toutes sortes relatives au malade. La responsabilité du médecin peut alors être recherchée tant au titre des actes de soins que pour l'activité technique de traitement des données personnelles du malade.

3. En outre la télémédecine clinique peut être source de responsabilité lorsque le médecin réalise des actes techniques. Cette responsabilité trouve son fondement dans les principes éthiques qui gouvernent la profession. On dénombre quatre principes : le principe de bienveillance, le principe de non-malfaisance, le principe de justice et le respect de l'autonomie du patient.

4. Le principe de bienveillance renvoie *« à toute action accomplie pour le bien d'autrui »*[438]. Cela implique que le médecin doit promouvoir ce qui est avantageux pour le patient, qu'il doit protéger et rechercher son bien-être. C'est la contribution au bien-être et l'aide apportée au patient. Il implique que l'action du professionnel médical doit être bénéfique au patient en lui facilitant ou lui faisant du bien ou encore en prévenant et en enlevant le mal. En effet, même si la bienveillance n'est pas le propre du soignant, elle en est le cœur de son métier tout comme une mère ou un parent se sent convoqué par l'enfant qui le regarde avec sa nudité et sa fragilité[439]. Car veiller et bien veiller est le propre de celui qui se sent responsable d'autrui.

5. La non-malfaisance signifie ne pas faire de mal. Traditionnellement, elle est au cœur de l'éthique médicale et fait partie du Serment d'Hippocrate (un serment prêté dans de nombreux pays par les médecins nouvellement diplômés). C'est le fait pour le professionnel médical de ne pas nuire et de ne pas blesser le patient ou lui causer un tord ou un préjudice. Le médecin doit donc respecter le

---

[438] https://www.espace-ethique-na.fr/actualites_884/philo-16_3480.html

[439] https://www.ethique-hdf.fr/fileadmin/user_upload/Bienveillance_E_S.pdf

principe de précaution et d'intégrité du corps humain en ayant toujours à l'esprit l'équilibre entre le bénéfice et le risque.

6. Le principe de justice implique pour le médecin l'obligation de traiter les cas égaux de la même façon. Son action doit donc être juste et /ou équitable. « *Le principe de justice vient rappeler que les soins ne s'inscrivent pas seulement dans le cadre d'une relation duelle entre le soignant et le patient mais que tous les membres de la société sont des patients potentiels qui doivent pouvoir bénéficier d'une même qualité de prise en charge. En d'autres termes, pour qu'ils soient administrés de façon juste dans un contexte marqué par la limitation des ressources, les soins prodigués au patient X ne doivent pas se faire au détriment de la prise en charge du patient Y. Décider des soins à accorder à X en sachant que les ressources de santé ne sont pas infinies implique d'appliquer une théorie de la justice, fût-elle implicite* »[440].

7. Enfin le principe d'autonomie désigne principalement la capacité de l'individu à se déterminer lui-même, c'est-à-dire à faire ses choix sans contraintes. De manière un peu schématique, il est aujourd'hui le plus souvent compris comme la liberté de pouvoir faire ce que j'ai décidé de faire ou de pouvoir ne pas faire ce que j'ai décidé de ne pas faire. Il implique que le médecin doit respecter la volonté du malade au regard des principes fondamentaux que sont le consentement au soin et la liberté de refuser un soin tel que prévu à l'article 16-3 du Code civil ainsi qu' à l'article 28 et 35 du Code de déontologie médical en Côte d'Ivoire.

---

440 https://www.ere-occitanie.org/wp-content/uploads/2020/12/petit-guide-dethique-clinique-Espace-ethique-LR.pdf

8. Également, le cadre juridique de la pratique de la télémédecine révèle une relative complexité quant à la diversité des relations et des acteurs qui s'y rencontrent. Ainsi, outre le médecin (requérant ou requis) d'autres acteurs participent à l'activité de télémédecine. Ce sont les établissements professionnels de santé du secteur public ou privé et les tiers technologiques.

9. Les établissements de santé apparaissent comme des promoteurs d'actes de télémédecine et engagent leur responsabilité en tant que propriétaire du dispositif de télémédecine et organisateur des actes de soins. Ils sont donc responsables de l'obligation de garantie et de sûreté du matériel et responsables de leurs préposés.

10. Les tiers technologiques sont des intervenants techniques, qui sans prendre part personnellement et directement à l'acte médical, contribuent en y prenant une part déterminante par la fourniture de matériels techniques et technologiques essentiels à sa réalisation. Sans eux il n'y aurait pas d'activité de télémédecine. Ils ont une obligation de garantie et de sécurité résultat. La rupture de cette double obligation engage leur responsabilité.

11. Cette responsabilité peut être d'ordre administratif, civil, disciplinaire ou pénal en cas de dommage causé au patient. La responsabilité disciplinaire ne sera pas étudiée dans ce cadre parce qu'elle favorise moins une appréciation juridique que professionnelle sur les questions qu'elle suscite.

12. Cependant, il convient d'en dire un mot. La responsabilité disciplinaire du médecin peut être engagée à la suite d'un manquement au Code de déontologie. À cette responsabilité disciplinaire correspond donc une juridiction disciplinaire, qui est une juridiction ordinale, placée auprès de chaque ordre de santé.

13. Aujourd'hui en France, deux tiers (65%) des plaintes formées devant la juridiction disciplinaire du conseil de l'ordre concernent la relation de soins entre le médecin et le patient. Tout un continuum d'articles du Code de déontologie portant sur *« les devoirs envers les patients »* est invoqué 'article 32 sur la qualité des soins ; l'article 33, qui porte sur l'obligation d'un diagnostic sûr et éprouvé ; les articles 35 et 36 sur l'information et le consentement du patient ; et enfin les articles 39 sur le charlatanisme et 40 relatif à l'exposition du patient à un *« risque injustifié»*.[441]. Et les médecins peuvent voir leur responsabilité engagée à trois niveaux : civil, pénal et disciplinaire.

14. Il est possible pour la victime de déposer une plainte devant l'ordre dont le professionnel de santé relève (Ordre des médecins, Ordre des pharmaciens, etc.) à la suite d'un manquement déontologique du professionnel de santé.

15. La charge de la preuve de la violation du professionnel de santé à ses obligations déontologiques (principes de moralité, d'éthique, de probité ou de compétence liés à l'exercice de sa profession) pèse sur le plaignant. Dès réception de la plainte la juridiction disciplinaire départementale organise une réunion de conciliation en vue de tenter de régler le différend de manière amiable.

---

[441] Luc Derepas, président titulaire de la Chambre nationale disciplinaire, revient sur le rôle et le fonctionnement de la juridiction ordinale. 2023 NUMÉRO SPÉCIAL Médecins. Voir, https://www.conseil-national.medecin.fr/sites/default/files/external-package/bulletin/1ohmku3/medecins_-_special_responsabilite.pdf

16. Si le litige n'est pas résolu à l'issue de cette réunion, le Conseil départemental transmet alors la plainte est transmise à la Chambre disciplinaire de première instance du Conseil régional de l'Ordre concerné, qui rend une décision. Cette décision est susceptible de recours devant la Chambre disciplinaire nationale du Conseil de l'Ordre concerné.

17. Enfin, la décision de la Chambre disciplinaire nationale peut, sous certaines conditions, faire l'objet d'un recours en cassation devant le Conseil d'État.

18. Il convient de préciser que la responsabilité disciplinaire est une responsabilité professionnelle à finalité exclusivement répressive, destinée à sanctionner une faute déontologique qui consiste dans la violation de l'un de ses devoirs par le médecin et ne consiste pas en une action indemnitaire.

19. En conséquence, les sanctions encourues sont :

- L'avertissement ;
- Le blâme ;
- L'interdiction temporaire avec ou sans sursis d'exercer ;
- L'interdiction permanente d'exercer ;
- La radiation du tableau de l'Ordre.

20. Face aux divers risques juridiques l'étude des questions de la responsabilité des acteurs de la télémédecine se fera à la lumière des règles juridiques en vigueur en France et avec une mise en application à des projets de télémédecine en Côte d'Ivoire. Elle sera ainsi, organisée autour de la responsabilité liée à une action pénale, de l'action en réparation et l'exercice transfrontalier de la télémédecine.

21. Aussi, verrons-nous dans cette étude, la responsabilité pénale des acteurs de télémédecine dans un (titre I), puis dans un (titre II) la responsabilité liée à une action en réparation. Enfin, nous aborderons dans un (titre V) les questions de responsabilité dans le cadre d'un exercice transfrontalier de l'acte de télémédecine. Mais auparavant, des précisions spécifiques auront été données à propos, tant du risque encouru par les établissements de santé (III), que par les professionnels qui offrent la possibilité de réduire les distances, lesquels sont ici appelés Tiers technologiques (IV).

22. Bien que l'activité de télémédecine soit une activité médicale, elle peut générer une faute pénale surtout lorsqu'à l'occasion des actes de soins les médecins[442] ne respectent pas les dispositions légales. Le médecin doit alors réaliser que dans la mesure où ses actes sont susceptibles de mettre en jeu la vie de leurs patients, ils peuvent engager leur responsabilité pénale. Car une blessure peut bien être qualifiée de coups et blessures involontaires ou d'homicide involontaire si le patient décédait.

23. En effet, la responsabilité pénale, principe fondamental du droit pénal, implique que la répression ne peut être exercée qu'à l'encontre des personnes responsables. En droit pénal, la responsabilité correspond à l'obligation de répondre ou de rendre compte de ses actes délictueux en subissant une sanction pénale dans les conditions et selon les formes prescrites par la loi.

---

[442] Comprendre médecin requérant et médecin requis libéraux ou exerçant à titre libéral

24. Selon le professeur Jean Penneau « *la responsabilité pénale et son interaction avec la responsabilité civile ne peuvent être négligées bien que la loi du 10 juillet 200 ait mis fin au principe jurisprudentiel, d'identité de la faute pénale et de la faute civile d'imprudence, puisque nécessairement tout dommage corporel causé par la faute du médecin constitue le délit d'atteinte involontaire à la vie* »[443].

25. Ainsi, les médecins requérant et requis malgré la distance qui peut les séparer du malade peuvent se retrouver dans une situation similaire à celle des auteurs d'infractions sur internet dès lors que les trois éléments constitutifs de l'infraction pénale sont réunis : un texte qui reconnaît l'infraction, un élément matériel qui démontre sa commission et un élément intentionnel caractéristique de la volonté de l'auteur de commettre l'acte (chapitre I).

26. Mais ces infractions engagent aussi la responsabilité pénale des personnes morales de droit privé ou public pour le compte desquelles les médecins ne sont que des exécutants. Cette solution est une innovation majeure en France avec le code pénal de 1994 alors qu'elle n'est qu'exceptionnelle en Côte d'Ivoire suivant une disposition spéciale de la loi[444] (chapitre II).

---

[443] Jean Penneau, La responsabilité du médecin, collection connaissance du droit, 3è édition, 30/06/2004, P.4.

[444] Article 97 de la loi N° 1995-522 du 6 juillet 1995 portant code pénal ivoirien de 1995

Section 1. – Responsabilité pénale du médecin

27. Autour du malade interviennent deux acteurs à l'occasion de l'activité de télémédecine. L'un à côté du patient et l'autre distant. Tous deux interviennent dans la prise en charge du malade. A l'occasion de leur exercice professionnel, les médecins peuvent commettre des infractions diverses, notamment, d'atteinte à l'intégrité corporelle et à la vie, de nature à engager leurs responsabilités personnelles en fonction de la place qu'ils occupent soit en qualité de requérant, soit en qualité de requis. Au cours de l'analyse qui suivra, nous verrons d'abord la responsabilité pénale du médecin requérant (section 1) et ensuite celle du médecin requis (section 2).

§ 1. – Responsabilité pénale du médecin requérant

28. Le médecin requérant est l'acteur le plus proche du patient. Il est le premier contact et est généralement lié à ce dernier par un contrat médical même si cette relation est désormais d'origine légale en France. A ce titre il joue un rôle des plus importants dans l'activité de télémédecine.

29. D'ailleurs il en est l'initiateur et le garant. En sa qualité de coordonnateur de l'activité de télémédecine, c'est le médecin requérant qui recueille l'avis du médecin requis et l'applique au patient dans le cadre d'une téléconsultation. Dans le cadre de la télé chirurgie, il assiste le médecin distant si ce dernier réalise son acte à l'aide d'outils perfectionnés en reproduisant ses gestes.

30. Et en l'absence de ces outils, c'est encore lui qui appliquera, en temps réel, les instructions du requis. Également en matière de télé-expertise, c'est toujours lui qui transmet les données du patient au requis et recueille son expertise pour définir le schéma thérapeutique à appliquer. Ainsi, la responsabilité du médecin requérant peut naître à l'occasion d'actes de soins (A) que dans le traitement des données du patient (B).

A. Responsabilité liée aux actes de soins

31. En principe, compte tenu de la fonction thérapeutique que leur confie la loi, les professionnels de santé échappent généralement à la mise en œuvre de leur responsabilité. Toutefois, il arrive quelques fois que cette responsabilité soit engagée. Cette éventualité suppose la faute du médecin ou même de la violation par lui des dispositions légales (1.). Cette attitude est toujours sanctionnée (2.) lorsque les conditions de réalisation de l'infraction sont réunies.

1. La faute pénale

32. La faute pénale s'analyse comme le manquement aux dispositions de la loi pénale. A l'occasion de l'acte de soins, le médecin peut avoir blessé le malade ou même provoquer la mort de ce dernier. Une blessure peut ainsi être qualifiée de coups et blessure involontaires ou d'homicide involontaire si le malade en est décédé.

33. En France, les coups et blessures involontaires sont réprimés par le code pénal qui dispose en son article 222-19 que « *le fait de causer à autrui, dans les conditions et selon les distinctions prévues à l'article 121-3, par maladresse, imprudence, inattention, négligence ou manquement à une obligation de sécurité ou de prudence imposée par la loi ou le règlement, une incapacité totale de travail pendant plus de trois mois ou une incapacité totale de travail d'une durée inférieure ou égale à trois mois* ».

34. Ici la faute du médecin peut résider dans la mauvaise manipulation du dispositif de télémédecine ou dans le manquement à son obligation de prudence ou de diligence. La matérialité de la faute se trouve ainsi constituée dès lors qu'un dommage a été causé au malade et ce en dehors de toute intention de nuire du médecin.

35. Une autre catégorie de fautes correspond aux fautes d'omission : il s'agit de l'inattention (elle résulte d'un manque d'attention, de concentration : ainsi d'un chirurgien qui oublie une pince hémostatique ou une compresse dans la cavité abdominale après l'intervention. La responsabilité pénale du médecin pourra être engagée soit lorsqu'il est directement auteur du dommage soit lorsqu'il a créé la situation dans laquelle le dommage s'est réalisé, en méconnaissant volontairement des règles de prudence. (loi 10 Juillet 2000 tendant à préciser la définition des délits non intentionnels).

36. La situation ne semble pas totalement différente en Côte d'Ivoire même si le code de déontologie médicale ne reconnaît la responsabilité pénale du médecin que pour les fautes relatives aux conditions d'exercice de la profession[445]. Quant au code

[445] Article 75 et 76 du code de déontologie médicale (Côte d'Ivoire).

pénal, il semble reconnaître la responsabilité pénale du médecin lorsque par maladresse, imprudence, inattention, négligence ou inobservation des règlements, il commet involontairement un homicide ou en est involontairement la cause[446].

37. Là encore la faute du médecin résulte du manquement à son obligation de prudence ou de diligence. Il n'a pas besoin de vouloir intentionnellement nuire au malade. D'ailleurs, le même code pénal semble poser le principe de l'irresponsabilité pénale fondée sur l'absence de faute pénale en matière de soins en disposant que « *Il n'y a pas d'infraction lorsque l'homicide, les blessures ou coups résultent :*

1°d'actes médicaux, à condition que ceux-ci soient ;

a) conformes aux données de la science, à l'éthique médicale et aux règles de l'art ;

b) effectués par une personne légalement habilitée à les pratiquer ;

c) accomplis avec le consentement du patient ou, si celui-ci est hors d'état de consentir, avec le consentement de son conjoint, ou de celui qui en garde sauf s'il est impossible, sans risque pour le patient, de communie avec ceux-ci...»[447].

---

[446]Article 355 du code pénal ivoirien : « *Est puni d'un emprisonnement de trois mois, à trois ans et d'une amende de 100 000 à 1 000 000 de francs quiconque, par maladresse, imprudence, inattention, négligence ou inobservation des règlements, commet involontairement un homicide ou en est involontairement la cause. La peine est d'un mois fi un ait d'emprisonnement et l'amende de 50 000 à 500 000 francs s'il en est résulté une incapacité totale de travail personnel pendant plus de six jours.*

Les peines prévues aux deux alinéas précédents sont également applicables au cas où l'homicide ou les blessures ont été entraînés ou provoqués par un incendie causé involontairement ».

[447] Article 350 du code pénal ivoirien.

38. Ainsi, en France comme en Côte d'Ivoire, la faute pénale du médecin ne peut résulter que d'actes involontaires ou de la rupture de l'obligation de prudence ou de diligence en ce qui concerne les actes de soins. On se demanderait donc tout simplement s'il est établi que l'auteur des faits n'a pas accompli les diligences normales compte tenu, le cas échéant, de la nature de ses missions ou de ses fonctions, de ses compétences ainsi que du pouvoir et des moyens dont il disposait.

39. En claire, est-ce que médecin a bien utilisé le dispositif de télémédecine ? Si oui le malade ne devrait subir aucun dommage. Si a contrario le malade a subi un dommage cela s'expliquerait donc par le non accomplissement des diligences normales par le médecin.

Le ministère public ou les victimes peuvent dès lors solliciter du juge répressif la sanction de la faute.

2. La sanction de la faute

40. Il appartient au ministère public de mettre en œuvre l'action publique en vue de la sanction de la faute pénale lorsque celle-ci est constatée. Lorsque le ministère public ne se met d'office pas en mouvement, la ou les victimes de l'infraction peuvent porter plainte auprès de celui-ci en se constituant partie civile.

41. Le dommage pénal comme en matière civile est un élément constitutif de l'infraction. Cependant, à la différence de la responsabilité civile qui envisage le dommage comme un préjudice actuel ou encore éventuel (une perte de chance) réparable, le dommage pénal ne peut procéder que d'un préjudice corporel, certain et actuel. La victime doit être une personne née et qui a vécu. Ainsi, il n'y a pas d'homicide volontaire ou involontaire lorsqu'il s'agit d'un fœtus ou d'un embryon. L'évaluation de la gravité du dommage aura une conséquence déterminante car elle permettra de fixer la juridiction compétente et la sanction appropriée.

42. Enfin, la mise en œuvre de la responsabilité pénale suppose l'établissement de la relation de cause à effet entre le comportement fautif et le dommage. En effet, matière pénale il n'y a pas de place pour les probabilités, la responsabilité ne pourra être engagée que s'il est établi qu'il y a bien une faute légale un dommage et un lien de causalité certain. C'est sur ce terrain que de nombreuses relaxes sont prononcées.

43. Alors même que l'acte médical est qualifié de fautif et qu'une atteinte corporelle ou encore un décès sont bien identifiés, il est de la plus grande difficulté que d'affirmer avec certitude que sans le comportement fautif le dommage invoqué aurait été évité. Or, en matière pénale, il n'y a pas lieu d'envisager un préjudice éventuel ou la notion de perte de chance. Cet obstacle n'interdit pas pour autant le patient, après une relaxe ou un non-lieu, de rebondir devant les juridictions civiles afin de faire admettre l'« *étrange* » lien de causalité permettant de rechercher la responsabilité du médecin au regard d'un dommage éventuel.

44. Ainsi, lorsque le médecin est reconnu coupable de coups et blessures involontaires suite à une rupture de ses obligations de prudence et de diligence, il est sanctionné en

France, à deux ans d'emprisonnement et de 30 000 euros d'amende si la faute occasionne à la victime une incapacité totale de travail pendant plus de trois mois.

45. Cette peine peut être aggravée en cas de violation manifestement délibérée d'une obligation particulière de prudence ou de sécurité imposée par la loi ou le règlement. Elles sont portées à trois ans d'emprisonnement et à 45 000 euros d'amende[448]. De même le fait de causer, dans les conditions et selon les distinctions prévues à l'article 121-3, par maladresse, imprudence, inattention, négligence ou manquement à une obligation de prudence ou de sécurité imposée par la loi ou le règlement, la mort d'autrui constitue un homicide involontaire puni de trois ans d'emprisonnement et de 45 000 euros d'amende.

46. En cas de violation manifestement délibérée d'une obligation particulière de prudence ou de sécurité imposée par la loi ou le règlement, les peines encourues sont portées à cinq ans d'emprisonnement et à 75 000 euros d'amende[449].

47. En Côte d'Ivoire, en cas d'homicide involontaire suite à une rupture de l'obligation de prudence et de diligence du médecin, celui-ci est passible d'une peine d'emprisonnement de trois mois à trois ans et ou d'une amende de 100.000 FCFA (150 euros) à 1.000.000 FCFA[450] (1500 euros).

48. En cas de coups et blessures involontaires, la peine sera de un mois à un an d'emprisonnement et ou d'une amende de 50.000 FCFA (75 euros) à 500.000 FCFA[451] (764 euros). S'il est vrai que le médecin peut engager sa responsabilité

---

[448] Article 222-19 Code pénal français.
[449] Article 221-6 Code pénal français.
[450] Article 353 du Code pénal ivoirien.
[451] Ibid

pénale à l'occasion des actes soins, il semble également possible de le faire relativement aux données du patient.

B. Responsabilité liée aux données médicales du patient

49. Les professionnels de la santé disposent d'un accès garanti aux données médicales du patient pour la réalisation d'un acte de télémédecine. Mais aucun acte de télémédecine ne peut se réaliser sans l'information et le consentement préalable du patient. C'est ce consentement libre et éclairé de la personne que les données concernent qui garantit aux professionnels de la santé impliqués dans l'acte de télémédecine, le libre échange des informations du patient.

50. Matériellement, l'acte de télémédecine doit garantir l'authentification du patient et des professionnels de santé impliqués, leur accès aux informations nécessaires à l'acte, et le cas échéant la formation ou la préparation du patient à l'utilisation du dispositif technique. Faute de quoi, ils commettraient une faute (1.) susceptible d'être sanctionnée (2.).

1. La faute pénale

51. En réalité, ni le recueil, ni le traitement des données de la personne concernée ni même le défaut d'information ou de consentement de celle-ci ne peut constituer une faute pénale du médecin. La faute semble résulter de la divulgation des données du patient à l'occasion d'échanges entre professionnels de santé impliqués dans un acte de télémédecine.

52. En ce sens, le code pénal français prévoit explicitement que *« la révélation d'une information à caractère secret par une personne qui en est dépositaire soit par état ou par profession, soit en raison d'une fonction ou d'une mission temporaire, est punie… »*[452]. Les données médicales du patient étant des données à caractère personnel et sensible, bénéficient de la protection au titre de secret. Leur divulgation est alors soumise à l'autorisation de la personne concernée ou de toute personne investie de l'autorité paternelle.

53. En effet, le secret professionnel est certainement l'une des questions juridiques qui préoccupent le plus les médecins. Le secret professionnel s'impose à tout médecin et ce dans l'intérêt du patient. Il couvre tout ce qui est venu à la connaissance du médecin dans l'exercice de sa profession : ce qui lui a été confié, ce qu'il a vu, ce qu'il a entendu ou compris.

54. L'information couverte par le secret est médicale et extra-médicale. Elle lie le médecin au-delà du décès de son patient[453]. Il appartient au praticien de veiller à ce que les personnes qui l'assistent respectent leurs obligations en matière de secret professionnel. Il est crucial de souligner que le secret ne peut être opposable au patient. Cependant, lorsque la révélation de l'information risque d'être

---

[452] Article 226-13 du code pénal français

[453] https://www.scotti-avocat.fr/Publications/Responsabilite_du_Medecin.html

préjudiciable à l'efficacité du protocole de soins, le médecin peut alors exercer un droit de rétention.

55. Le principe du secret médical est conçu comme général et absolu[454] ; dès lors, hormis où la loi en dispose autrement, il est absolument impensable de s'en affranchir. Cette protection se justifie puisque que le secret médical incarne un des piliers de l'exercice de la médecine, car comme l'indique si bien Bernard Hoerni dans son livre *Éthique et déontologie médicale* « *il n'y a pas de soins sans confidences, de confidences sans confiance, de confiance sans secret* »[455].

56. Cependant, il convient de noter que la jurisprudence en la matière a considérablement aménagé le caractère absolu du secret eu égard au développement de la médecine collective et de la socialisation des soins. Ainsi, pour assurer la continuité des soins ou pour déterminer la meilleure prise en charge possible, les professionnels de santé peuvent avoir besoin d'échanger des informations sur le patient qu'ils prennent en charge, et ce au-delà de la notion de secret médical. La loi a défini cette notion de *« secret partagé »* et en a précisé les limites (article L1110-4 du code de la santé publique). Au-delà de ces limites, il est question de violation du secret.

57. Également, en matière de santé publique, le législateur a prévu la divulgation de certaines informations relatives à l'état de santé des personnes. Les dérogations au secret

---

[454]Article 4 (article R.4127-4 du code de la santé publique français) *Le secret professionnel, institué dans l'intérêt des patients, s'impose à tout médecin dans les conditions établies par la loi.*

Le secret couvre tout ce qui est venu à la connaissance du médecin dans l'exercice de sa profession, c'est-à-dire non seulement ce qui lui a été confié, mais aussi ce qu'il a vu, entendu ou compris.

[455] Bernard HOERNI dans son livre *Ethique et déontologie médicale*, 2e édition Masson, collection abrégés, juin 2000, 115 P

médical concernent la déclaration des maladies professionnelles (loi du 30 octobre 1946), des accidents du travail, des maladies contagieuses (art. L 11 et suivants du Code de la santé publique), mais aussi de l'établissement des certificats médicaux permettant la protection des majeurs incapables ou l'hospitalisation des malades mentaux.

58. Enfin, le médecin bénéficie d'une dérogation au secret médical lorsqu'il s'agit de déclarer des faits pouvant avoir des conséquences graves pour certaines personnes, notamment les privations et sévices, de nature sexuelle, subis par des mineurs de quinze ans ou des personnes qui ne sont pas en mesure de se protéger compte tenu de leur âge ou de leur état psychique ou physique (article 434-3 du code pénal).

59. Le code pénal ivoirien va dans le même sens et prohibe toute divulgation des données médicales du patient au titre du secret professionnel[456]. De même, la loi sur la protection des données à caractère personnel interdit et punit la collecte, le traitement et la transmission des données relatives à l'état de santé de la personne concernée sans son consentement[457].

60. Également, en matière de santé publique, le législateur a prévu la divulgation de certaines informations relatives à l'état de santé des personnes. Les dérogations au secret médical concernent la déclaration des maladies professionnelles des accidents du travail, des maladies contagieuses, mais aussi de l'établissement des certificats

456 Article 283 du code pénal ivoirien

457 Article 21 de la loi N° 2013-450 du 19 juin 2013 relative à la protection des données à caractère personnel

médicaux permettant la protection des majeurs incapables ou l'hospitalisation des malades mentaux.

61. Tel est le sens de l'article 46 de la loi juillet 1961 portant code de déontologie médicale en Côte d'Ivoire lorsqu'il dispose que « *tout médecin doit, compte tenu de son âge, de son état de santé et de son éventuelle spécialisation, prêter son concours à l'action entreprise par les autorités compétentes en vue de la protection de la santé et de l'organisation de la permanence des soins là où elle est nécessaire ou possible* »[458].

62. Enfin, le médecin bénéficie d'une dérogation au secret médical lorsqu'il s'agit de déclarer des faits pouvant avoir des conséquences graves pour certaines personnes, notamment les privations et sévices, de nature sexuelle, subis par des mineurs de quinze ans ou des personnes qui ne sont pas en mesure de se protéger compte tenu de leur âge ou de leur état psychique ou physique. Lorsque la violation de la confidentialité est nécessaire, le praticien doit clairement informer le patient sur la violation de la confidentialité, la nature, le but et les conséquences probables de cette violation[459].

63. Dans le même sens, le médecin peut en présence d'un pronostic grave légitimement être dissimulé au malade. Un pronostic fatal ne peut lui être révélé qu'avec la plus grande circonspection, mais il peut l'être généralement à sa famille

---

[458] Dans le même sens, l'article 10 du code Harmonisé de déontologie de la CEDEAO « *Dans l'intérêt de la santé publique, le praticien doit apporter son concours à l'action des autorités médicales et administratives pour la protection de la santé, la collecte, l'enregistrement, le traitement et la transmission d'informations autorisées par les lois et règlements* ».

[459] Voir article 140 in fine, Code Harmonisé de déontologie médicale de la CEDEAO.

ou à défaut à un proche qualifié[460]. Lorsque l'acte matériel de divulgation est constaté, le juge peut sanctionner l'auteur de la faute ainsi qualifiée.

2. La sanction de la faute

64. Comme précédemment exposé, il appartient au ministère public de mettre en œuvre l'action publique en vue de la sanction de la faute pénale lorsque celle-ci est constatée. Mais lorsque le ministère public ne se met d'office pas en mouvement, la ou les victimes de l'infraction peuvent porter plainte auprès de celui-ci en se constituant partie civile. Pour ce faire, l'infraction de divulgation doit être matérialisée. Cette matérialisation est caractérisée par deux éléments matériels et un élément moral.

65. Le premier caractère de l'élément matériel renvoie à la divulgation elle-même. La révélation à une seule personne, fut-elle elle-même tenue au secret professionnel, suffit pour que l'un des éléments matériels de l'infraction soit constitué. Il n'y a donc pas besoin de rapporter la preuve de la divulgation de l'information à plusieurs personnes[461].

66. La deuxième condition matérialisant l'infraction résulte du fait que l'information est couverte par le secret[462]. La jurisprudence retient une conception large du secret,

---

[460] Voir article 139 al ;2 du Code Harmonisé de déontologie médicale de la CEDEAO.

[461] Cour de Cassation, Chambre criminelle, du 16 mai 2000, 99-85.304, Publié au bulletin

[462] Cour de cassation, criminelle, chambre criminelle, 3 avril 2012, n°11-85.571, inédit.

qui peut être expressément révélé par le client ou le patient mais également déduit ou constaté par le professionnel soumis au secret[463].

67. Quant à l'élément moral, il nécessite que l'auteur de la révélation doive être un professionnel tenu au secret, du fait de ses fonctions, de par son état ou ses fonctions et avoir la volonté de révéler le secret. L'infraction écarte donc la révélation du fait d'une négligence.

68. La jurisprudence précise également que l'intention de nuire n'est pas requise afin que l'élément moral soit constitué[464]. Le mobile de la révélation, dès lors qu'elle est intentionnelle, est indifférent car *« l'intention frauduleuse consiste dans la conscience qu'a le prévenu de révéler le secret dont il a connaissance, quel que soit le mobile qui a pu le déterminer »*[465]. L'infraction est réalisée dès la révélation de l'information et indépendamment de tout dommage pour l'intéressé.

69. La divulgation de secret professionnel est punie en France, au sens de l'article 226-13 du code pénal précité d'un an d'emprisonnement et de 15 000 euros d'amende. Le patient peut obtenir des dommages et intérêts pour réparer le préjudice subi. Il lui faudra cependant prouver la divulgation du secret médical, en dehors des circonstances autorisées ou permises par la loi[466].

---

[463] Cour de Cassation, Chambre criminelle, du 17 mai 1973, 71-91.130, Publié au bulletin

[464] Cour de Cassation, Chambre civile, du 15 décembre 1885, Publié au bulletin

[465] chambre criminelle de la Cour de cassation, 7 mars 1989, publié au bulletin

[466] Article 226-14 du Code pénal français : « *L'article 226-13_n'est pas applicable dans les cas où la loi impose ou autorise la révélation du*

70. Cette même infraction est punie par le code pénal ivoirien d'un à six mois d'emprisonnement et d'une amende de 50 000 FCFA à 500 000 FCFA[467], soit 75 euros à 764 euros.

71. Quant à la collecte et au traitement de données relatives à l'état de santé de la personne concernée en dehors de tout consentement ou autorisation, elle est punie d'un emprisonnement de dix à vingt ans et d'une amende de 20 000. 000 à 40. 000.000 FCFA[468], soit 30.000 euros à 60.000 euros.

Conclusion de la section

---

secret. En outre, il n'est pas applicable : 1° A celui qui informe les autorités judiciaires, médicales ou administratives de maltraitances, de privations ou de sévices, y compris lorsqu'il s'agit d'atteintes ou mutilations sexuelles, dont il a eu connaissance et qui ont été infligées à un mineur ou à une personne qui n'est pas en mesure de se protéger en raison de son âge ou de son incapacité physique ou psychique (...) »

[467] Article 383 du code pénal ivoirien : « *Tout dépositaire, par état ou profession ou par fonction temporaire ou permanente d'un secret qu'on lui confie, qui, hors le cas où la loi oblige ou autorise à se porter dénonciateur, révèle secret est puni d'un emprisonnement d'un à six mois et d'une amende de 50 000 à 500 000 francs. Est puni d'un à trois mois d'emprisonnement et d'une amende de 10 000 à 100 000 francs celui qui, sans autorisation, révèle un fait secret par nature ou déclaré secret par la juridiction ou l'autorité saisie, parvenu à sa connaissance au cours d'une procédure judiciaire ou administrative à laquelle il a assisté, soit comme partie, soit comme témoin, interprète ou représentant d'une des parties* ».

[468] Article 21 loi sur la protection des données à caractère personnel.

72. Le médecin requérant est responsable de son patient et le reste à l'occasion de l'acte de télémédecine. Sa responsabilité pénale, il l'engage tant à l'occasion d'actes de soins que dans le traitement des données médicales de son patient. Comme on l'a vu au long du développement qui précède, la faute pénale du médecin requérant part de la rupture de l'obligation de prudence et de diligence à la divulgation du secret professionnel.

73. Dès lors, sa position centrale, au cœur de l'activité de télémédecine fait de lui le premier responsable des fautes commises. Ainsi, l'utilisation des TIC a pour effet d'étendre sa responsabilité non seulement sur le champ de la traditionnelle responsabilité médicale mais également au titre de l'intervention du médecin requis même s'il ne le dirige pas. Mais si une faute personnelle est reconnue à l'égard du médecin requis, il engera seule sa responsabilité.

§ 2. – Responsabilité pénale du médecin requis

74. Le médecin requis est dans l'acte de télémédecine, l'acteur le plus distant du malade. Il n'a avec ce dernier aucun rapport contractuel en principe, sauf à admettre que le patient l'ait contacté directement à partir d'un répertoire de professionnels en télémédecine. Il n'a aucun lien ou accès ou contact direct avec le malade. Lorsqu'il a besoin d'examen clinique ou d'intervention directe, c'est le médecin requérant qui le fera pour lui. Toutes ces considérations font que la mise en œuvre de sa responsabilité pénale ne peut être qu'exceptionnelle, voire impossible.

75. Mais lorsqu'il utilise une technique plus élaborée et perfectionnée par rapport à celle dont dispose le médecin requérant, il en a plus le contrôle et par voie de conséquence plus d'influence sur l'acte de télémédecine que le peut son confrère. Dès lors sa faute personnelle est envisageable. Tout comme le médecin requérant, la responsabilité du médecin requis peut être mise en œuvre à l'occasion d'actes de soins (A) ou de traitement des données du patient (B).

A. Responsabilité liée aux actes de soins

76. Comme ci-dessus exposé dans le cas du médecin requérant, la mise en œuvre de la responsabilité suppose la faute du médecin requis ou même de la violation par lui des dispositions légales (1.). Cette attitude est toujours sanctionnée (2.) lorsque les conditions de réalisation de l'infraction sont réunies.

1. La faute pénale

77. La faute pénale s'analyse comme le manquement aux dispositions de la loi pénale. A l'occasion de l'acte de soins, le médecin requis peut avoir blessé le malade ou même provoqué la mort de ce dernier notamment lorsqu'il utilise une technique plus élaborée lui permettant d'agir directement sur le malade. Ce n'est donc que dans cette hypothèse qu'on pourrait qualifier à l'égard du médecin requis une blessure en coups et blessures involontaires ou d'homicide involontaire si le malade en est décédé.

78. Et sauf à reconnaître le médecin requis complice des coups et blessures involontaires ou homicide involontaire du médecin requérant, il serait impossible d'engager sa responsabilité pénale car on comprendrait mal comment dans sa position, il aurait pu porter directement atteinte à la vie et à l'intégrité physique du malade. La faute pénale du médecin requis n'est donc pas impossible même si la télémédecine peut la rendre difficile.

79. Ainsi, en France comme en Côte d'Ivoire, la faute pénale du médecin requis naît de la rupture de l'obligation de prudence ou de diligence en ce qui concerne les actes de soins. Et comme pour le médecin requérant on se demanderait donc tout simplement s'il est établi que l'auteur des faits n'a pas accompli les diligences normales compte tenu, le cas échéant, de la nature de ses missions ou de ses fonctions, de ses compétences ainsi que du pouvoir et des moyens dont il disposait.

80. En claire, est-ce que médecin requis a bien utilisé le dispositif de télémédecine ? Si oui le malade ne devrait subir aucun dommage. Si a contrario le malade a subi un dommage cela s'expliquerait donc par le non accomplissement des diligences normales par le médecin. On lui appliquera donc les mêmes textes qu'au médecin requérant. Le ministère public ou les victimes peuvent dès lors solliciter du juge répressif la sanction de la faute.

2. La sanction de la faute

81. Le même raisonnement s'applique encore ici. Il faut un acte fautif constitué d'une atteinte volontaire ou involontaire à l'intégrité physique, un dommage corporel et le lien de causalité.

82. C'est le ministère public qui met en œuvre l'action publique en vue de la sanction de la faute pénale lorsque celle-ci est constatée. Mais lorsque le ministère public ne se met pas d'office en mouvement, la ou les victimes de l'infraction peuvent porter plainte auprès de celui-ci en se constituant partie civile.

83. Ainsi, lorsque le médecin est reconnu coupable de coups et blessures involontaires suite à une rupture de ses obligations de prudence et de diligence, il est sanctionné en France, à deux ans d'emprisonnement et de 30 000 euros d'amende si la faute occasionne à la victime une incapacité totale de travail pendant plus de trois mois.

84. Cette peine peut être aggravée en cas de violation manifestement délibérée d'une obligation particulière de prudence ou de sécurité imposée par la loi ou le règlement. Elles sont portées à trois ans d'emprisonnement et à 45 000 euros d'amende.

85. De même le fait de causer, dans les conditions et selon les distinctions prévues à l'article 121-3, par maladresse, imprudence, inattention, négligence ou manquement à une obligation de prudence ou de sécurité imposée par la loi ou le règlement, la mort d'autrui constitue un homicide involontaire puni de trois ans d'emprisonnement et de 45 000 euros d'amende.

86. En cas de violation manifestement délibérée d'une obligation particulière de prudence ou de sécurité imposée par la loi ou le règlement, les peines encourues sont portées à cinq ans d'emprisonnement et à 75 000 euros d'amende.

87. En Côte d'Ivoire, en cas d'homicide involontaire suite à une rupture de l'obligation de prudence et de diligence du médecin, celui-ci est passible d'une peine d'emprisonnement de trois mois à trois ans et ou d'une amende de 100.000 FCFA (150 euros) à 1.000.000 FCFA (1 500 euros)[469].

88. En cas de coups et blessures involontaires, la peine sera de un mois à un an d'emprisonnement et ou d'une amende de 50.000 FCFA (74 euros) à 500.000 FCFA (764 euros)[470].

89. Mais si la qualité d'acteur distant de l'acte de soins peut faire obstacle à ce que le médecin requis soit reconnu personnellement responsables de la faute pénale, il est toujours possible que sa responsabilité pénale puisse être engagée si le juge le reconnaît comme complice. Là encore, il encoure les mêmes sanctions que l'auteur principal. Comme le médecin requérant, le médecin requis peut engager sa responsabilité pénale à l'occasion des actes soins, que relativement aux données du patient.

---

[469] ARTICLE 353 Code pénal ivoirien *« Est puni d'un emprisonnement de trois mois à trois ans et d'une amende de 100.000 à 1.000.000 de francs, quiconque, par maladresse, imprudence, inattention, négligence ou inobservation des règlements commet involontairement un homicide ou en est involontairement la cause ».*

[470] article 353.al 2, Code pénal ivoirien *« La peine est d'un mois à un an d'emprisonnement et l'amende de 50.000 à 500.000 francs, s'il en est résulté une incapacité totale de travail personnel pendant plus de six jours ».*

B. Responsabilité liée aux données médicales du patient

90. A l'occasion de l'acte de télémédecine, le médecin requis peut se rendre personnellement responsable de faute dans le traitement des données du patient ou de violation du secret professionnel (1.) susceptible d'être sanctionnée (2.).

1. La faute pénale

91. Généralement la faute semble résulter de la divulgation des données du patient à l'occasion d'échanges entre professionnels de santé impliqués dans un acte de télémédecine. Ce n'est pas toujours évident de reconnaître la faute du médecin compte tenu de sa position mais également parce qu'il ne reçoit que les données qui lui sont transmises par le médecin requérant. Mais lorsqu'il porte à la connaissance d'autres personnes, soit volontairement ou involontairement les données médicales du patient, il commet une faute.

92. On retrouve les mêmes considérations que celles exposées relativement au médecin requérant. La révélation d'une information à caractère secret par une personne qui en est dépositaire soit par état ou par profession, soit en raison d'une fonction ou d'une mission temporaire, est punie (....).

93. Les données médicales du patient étant des données à caractère personnel et sensibles, elles bénéficient de la protection au titre de secret. Leur divulgation est alors soumise à l'autorisation de la personne concernée ou de toute personne investie de l'autorité paternelle.

94. De même, la loi sur la protection des données à caractère personnel interdit et punit la collecte, le traitement et la transmission des données relatives à l'état de santé de la personne concernée sans son consentement. Lorsque l'acte matériel de divulgation est constaté, le juge peut sanctionner l'auteur de la faute ainsi qualifiée.

2. La sanction de la faute

95. Comme précédemment exposé, il appartient au ministère public de mettre en œuvre l'action publique en vue de la sanction de la faute pénale lorsque celle-ci est constatée. Mais lorsque le ministère public ne se met d'office pas en mouvement, la ou les victimes de l'infraction peuvent porter plainte auprès de celui-ci en se constituant partie civile. Cette matérialisation est caractérisée par deux éléments matériels et un élément moral.

96. Le premier caractère de l'élément matériel renvoie à la divulgation elle-même. La révélation à une seule personne, fut-elle elle-même tenue au secret professionnel, suffit pour que l'un des éléments matériels de l'infraction soit constitué[471].

97. La deuxième condition matérialisant l'infraction résulte du fait que l'information est couverte par le secret. La jurisprudence retient une conception large du secret, qui peut être expressément révélé par le client ou le patient

[471] Supra, voir le développement paragraphe 65, 66 page 17.

mais également déduit ou constaté par le professionnel soumis au secret[472].

98. Quant à l'élément moral, il nécessite que l'auteur de la révélation soit un professionnel tenu au secret, du fait de ses fonctions, de par son état ou ses fonctions et avoir la volonté de révéler le secret. L'infraction écarte donc la révélation du fait d'une négligence[473].

99. La jurisprudence précise également que l'intention de nuire n'est pas requise afin que l'élément moral soit constitué. Le mobile de la révélation, dès lors qu'elle est intentionnelle, est indifférent car *« l'intention frauduleuse consiste dans la conscience qu'a le prévenu de révéler le secret dont il a connaissance, quel que soit le mobile qui a pu le déterminer »*. L'infraction est réalisée dès la révélation de l'information et indépendamment de tout dommage pour l'intéressé.

100. La divulgation de secret professionnel est punie en France, au sens de l'article 226-13 du code pénal précité d'un an d'emprisonnement et de 15 000 euros d'amende. Cette même infraction est punie par le code pénal ivoirien d'un à six mois d'emprisonnement et d'une amende de 50 000 FCFA (74 euros) à 500 000 FCFA (764 euros).

101. Quant à la collecte et au traitement de données relatives à l'état de santé de la personne concernée en dehors de tout consentement ou autorisation, elle est punie d'un emprisonnement de dix à vingt ans et d'une amende de 20 000. 000 (30 000 euros) à 40. 000.000 FCFA (60 000 euros).

---

[472] Supra, voir le développement paragraphe 67, page 17.

[473] Supra, voir le développement paragraphe 68, 69 page 17.

Conclusion de la section

102. Ainsi qu'on vient de l'exposer, bien qu'il ne soit pas aisé d'engager la responsabilité pénale du médecin requis, on remarque toutefois que la rupture de l'obligation de prudence ou de diligence qui lui incombe au cours de l'activité de télémédecine suffit à le mettre en cause. Cela est également possible à l'occasion d'actes de soins comme dans le traitement des données médicales du patient. Cette responsabilité sera engagée soit en tant qu'auteur si sa faute personnelle est prouvée ou soit en tant que complice si la faute incombe au médecin requérant.

Conclusion du chapitre

103. Les médecins engagent leur responsabilité pénale à l'occasion de l'activité de télémédecine. Le médecin requérant, compte tenu de sa position plus rapprochée du patient mais également compte tenu de son lien directe, contractuel avec lui semble être le premier et le principal responsable des fautes qui porteraient atteinte à la vie ou à l'intégrité physique de celui-ci.

104. Mais comme on l'a vu, même si la distance entre le médecin requis et le patient, semble voiler la faute du premier, elle ne la supprime tout autant pas. Le médecin requis peut donc être responsable d'une faute personnelle ou complice de la faute du requérant.

105. Dans tous les cas, la responsabilité pénale du médecin requérant ou requis peut être mise en œuvre devant le juge répressif sur le fondement de la rupture de l'obligation de prudence ou de diligence au cours des actes de soins ou encore sur la divulgation du secret professionnel au cours du traitement des données médicales du patient.

106. Cette mise en responsabilité des médecins paraît raisonnable si tant est qu'ils exercent l'activité de télémédecine dans un cadre libéral ou à titre libéral. A défaut, la personne morale dont ils sont les préposés serait alors responsable même pénalement de leurs actes.

Section 2. – Responsabilité pénale des personnes morales

107. La responsabilité pénale des médecins n’exclut pas celle de la personne morale pour le compte de qui ils exercent leurs activités. Cette éventualité est une réelle innovation qui permet de rompre avec la traditionnelle irresponsabilité pénale de la personne morale. L’évolution de la politique criminelle sur ce point peut se justifier par le fait que la répression du seul substitut de la personne morale était inefficace à atteindre celle-ci, car elle pouvait toujours continuer ses activités criminelles en changeant à chaque fois de personnel.

108. Ainsi, désormais la personne morale qu’elle soit de droit public ou privé engage sa responsabilité pénale pour le fait de ses préposés ou agents. Enfin, cette innovation a été instituée pour renforcer l'efficacité de la répression et permettre une imputation plus juste des responsabilités. Mais sans toutefois se lancer dans des analyses qui ne présenteraient que peu portée théorique, il convient cependant de relativiser la reconnaissance de la responsabilité pénale des personnes morales.

109. En effet, s’il est constant d’admettre la responsabilité pénalité de certaines personnes morales (section 1), il est aussi constant de réaffirmer l’exception d’irresponsabilité pénale de l’État (section 2).

§ 1. – La responsabilité des établissements de soins

110. L'introduction de la responsabilité pénale des personnes morales dans le Code pénal de 1994 est une innovation en France. En effet, auparavant, l'irresponsabilité prévalait. Ainsi, jusqu'à l'entrée en vigueur de la réforme du Code pénal le 1er mars 1994, les personnes morales n'encouraient qu'une responsabilité civile et, dans certains cas, disciplinaire ou administrative.

111. Elles ne pouvaient pas être déclarées pénalement responsables. Progressivement, cette responsabilité s'est forgée dans les esprits ce qui a amené le Conseil Constitutionnel à affirmer « *qu'aucun principe constitutionnel ne s'opposait à ce qu'une amende puisse être infligée à une personne morale* »[474]. Le législateur français avait toutefois posé une restriction à cette responsabilité des personnes morales en limitant les infractions susceptibles d'être imputées aux personnes morales.

112. Il s'agit du principe de spécialité, selon lequel une personne morale ne peut être pénalement responsable que dans les cas prévus par la loi ou le règlement[475]. Finalement, une loi du 9 mars 2004 portant l'adaptation de la justice aux évolutions de la criminalité, a supprimé ce principe de spécialité, instituant désormais une responsabilité de plein droit de l'ensemble des infractions commises, sauf dispositions législatives expressément contraires.

113. Mais en Côte d'Ivoire, la responsabilité pénale de la personne morale semble demeurer une exception. Car selon

---

[474] Conseil Constitutionnel (France), décision 82-143 DC du 30 juillet 1982.

[475] https://aideauxtd.com/la-responsabilite-penale-des-personnes-morales/

l'article 97 du code pénal ivoirien « *les personnes morales ne sont pénalement responsables que dans les cas prévus par une disposition spéciale de la loi* ».

114. Ainsi, lorsqu'une infraction est commise dans le cadre de l'activité d'une personne morale, la responsabilité pénale incombe à toute personne préposée ou non, qui, de par ses fonctions, a la responsabilité de la gestion, de la surveillance ou du contrôle de cette activité[476]. La première et principale personne à répondre de l'infraction serait le professionnel de la santé.

115. Cette position du législateur ivoirien montre bien qu'il n'a pas tiré les conséquences du fait que les infractions soient commises à l'occasion des activités de la personne morale. Seul ce lien de rattachement entre l'activité de la personne morale et les infractions devrait permettre d'engager la responsabilité de celle-ci.

116. Car on le sait, la personne morale n'est qu'une pure fiction. Elle n'existe et n'agit que par l'action de ses organes ou représentants. Dès lors, la faute de ses organes ou représentants (A.) devrait suffire à engager la responsabilité de la personne morale (B.).

A. La faute des organes ou représentants de l'établissement

117. L'article 121-2 du Code pénal qui prévoit cette responsabilité dispose que : « *les personnes morales, à*

[476] Article 98, Code pénal ivoirien.

l'exclusion de l'État, sont responsables pénalement, selon les distinctions des articles 121-4 à 121-7 et dans les cas prévus par la loi ou le règlement, des infractions commises, pour leur compte, par leurs organes ou représentants ».

118. Cet article n'affirme pas qu'une personne morale puisse commettre une infraction mais il définit les conditions dans lesquelles une infraction commise pour son compte par une ou plusieurs personnes physiques, ayant la qualité d'organes ou de représentants, peut être imputée à celle-ci. Il n'est donc pas nécessaire que l'organe ou le représentant ait été personnellement déclaré coupable par le juge pénal.

119. Les organes ou représentants correspondent en effet, à toute personne pourvue de la compétence ou autorité ou moyens nécessaires à agir pour le compte de la personne morale. Dans un établissement public, c'est le conseil d'administration, le conseil de surveillance et le directeur qui seront concernés.

120. Quant aux établissements privés, il s'agira du directeur général ou des salariés exerçant ses pouvoirs par délégation. Précisons également que seules les sociétés dotées de la personnalité morale peuvent voir leur responsabilité pénale engagée. Cette exigence permet d'exclure la responsabilité des sociétés créées de fait, dans lesquelles les personnes agissent comme des associés sans avoir eu l'intention de créer une société, ainsi que les sociétés en participation qui n'ont pas de personnalité morale.

121. Également, la disparition d'une société fait obstacle à toute poursuite pénale à son encontre. Toutefois, une société en cours de dissolution peut valablement faire l'objet de poursuites pénales. Elles peuvent ainsi, être poursuivies pour des faits antérieurs à la dissolution ou commis en cours de liquidation[477].

122. Mais, lorsque la dissolution intervient dans le cadre d'une fusion/absorption, la mise en œuvre de la responsabilité n'est pas possible, puisque la dissolution n'entraîne pas la dissolution de la société, la société ainsi dissoute n'ayant plus d'existence juridique et par voie de conséquence de personnalité morale[478]. Toutefois, la société absorbante,

[477] En premier lieu, quel est le sort des poursuites engagées pour des infractions commises avant la dissolution lorsque celle-ci survient en cours de procédure ? Cet événement ne constituant pas une cause d'extinction des poursuites, seule la publication de la clôture de la liquidation marque la fin de la personnalité juridique (à moins d'admettre, comme le fait la jurisprudence relative à cette question, que celle-ci se poursuit même au-delà tant que la liquidation n'est pas effectivement achevée, V. sur ce point, J.-C. Planque, op. cit., n° 55 et 56). Il s'en déduit que les poursuites peuvent aller jusqu'à leur terme et donc conduire à une éventuelle condamnation de la personne morale dès lors que celle-ci intervient avant cette publication (V. J.-C. Saint-Pau, art. préc., n° 122. - CA Nîmes, 20 avr. 2001 : JurisData n° 2001-150204. - CA Douai, 11 juin 2009 : JurisData n° 2009-010086).

[478] En droit des sociétés, la fusion comporte deux éléments indispensables qui sont la dissolution sans liquidation de la société absorbée et la transmission universelle du patrimoine de celle-ci à la société absorbante (V. A. Bonnasse, JCl. Sociétés Traité, Fasc. 161-10, Fusions-scissions, principes généraux, n° 6). La question qui se pose, en droit pénal, est de savoir quel est l'effet d'une telle opération sur la responsabilité pénale et, plus précisément, s'il est possible de reprocher à la société absorbante une infraction qui aurait été commise, pour le compte de la société absorbée, par ses organes ou représentants. La réponse a été apportée par la Cour de cassation, au visa de l'article 121-1 du Code pénal fixant le principe de la responsabilité pénale du fait personnel, qui a jugé que, l'absorption faisant perdre son existence juridique à la société absorbée, la responsabilité pénale de la société absorbante ne peut être recherchée pour les infractions imputables à la société dissoute (Cass. crim., 20 juin 2000 : JurisData n° 2000-002990 ; Bull. crim. 2000, n° 237 ; D. 2001, p. 853, note H. Matsopoulou et p.

peut, quant à elle condamnée pénalement pour des actes commis par la société absorbée avant les opérations de fusion[479].

123. Les infractions pouvant engager la responsabilité pénale de la personne morale sont l'homicide involontaire, l'atteinte involontaire à l'intégrité physique de la personne[480] et la mise en danger d'autrui ainsi que l'abus de faiblesse ou l'abus de confiance[481].

124. En Côte d'Ivoire, la faute du représentant ou de l'organe ne peut engager la responsabilité de la personne morale qu'exceptionnellement et à titre de solidarité, par une décision motivée du juge en considération des circonstances mêmes de l'infraction[482]. La nature des infractions semble être la même qu'en France. Les circonstances de l'infraction

---

1608, note E. Fortis et A. Reygrobellet ; D. 2002, p. 1802, obs. G. Roujou de Boubée ; Rev. sc. crim. 2001, p. 153, obs. B. Bouloc ; Rev. sociétés 2001, p. 851, note I. Urbain-Parléani ; RTD com. 2000, p. 1024, note B. Bouloc ; LPA 13 mars 2001, p. 19, note M.-J. Coffy de Boisdeffre. - Cass. crim., 14 oct. 2003 : JurisData n° 2003-020659 ; Bull. crim. 2003, n° 189 ; D. 2004, somm. p. 319, obs. G. Roujou de Boubée ; Dr. pén. 2004, comm. 20, obs. M. Véron ; Bull. Joly Sociétés 2004, p. 265, note J.-F. Barbiéri). La fusion-absorption réalisée avant la condamnation définitive de la société absorbée constitue donc une cause d'extinction de l'action publique dirigée contre elle (Cass. crim., 9 sept. 2009 : JurisData n° 2009-049715 ; Dr. sociétés 2009, comm. 213, note R. Salomon. - CA Agen, 26 janv. 2009 : JurisData n° 2009-003347).

[479] Cassation, Criminelle, 25 nov. 2020, Fp-P+B+I, n° 18-86.955

[480] Articles 221-7, 222-21 et 223-2 Code pénal (France).

[481] Article 313-2 et 313-1 Code pénal (France).

[482] Article 99 Code pénal Ivoirien : « *La personne morale en cause, eu égard aux circonstances de l'infraction, peut, par décision motivée, être déclarée responsable solidairement avec le ou les condamnés du paiement de tout ou partie des amendes, frais et dépens envers l'Etat ainsi que des réparations civiles* ».

commandent bien souvent la sanction pénale applicable à la personne morale.

B. La sanction

125. Une fois que l'infraction a été reconnue à l'encontre d'un organe ou du représentant de la personne morale, les sanctions possibles que celle-ci encoure sont, entre autres : l'amende, la dissolution, la fermeture, l'interdiction de faire appel public à l'épargne[483]. Ainsi, pour sanctionner pénalement une personne morale, il faut trois conditions cumulatives. D'une part, il faut un groupement doté de la personnalité morale. Cette condition permet d'écarter les sociétés créées de fait et les sociétés en participation, dépourvues de la personnalité morale. En ce qui concerne les sociétés en formation, les actes accomplis pendant cette période n'engagent que la responsabilité pénale des associés personnes physiques.

126. D'autre part, en ce qui concerne la deuxième condition, il faut que l'infraction soit commise par un organe de la personne morale. Les organes il faut le rappeler sont les personnes désignées par la loi ou les statuts de la personne morale pour agir en son nom et pour son compte. Les représentants, quant à eux sont les personnes habilitées à agir pour le nom et pour le compte de la personne morale à l'égard des tiers (administrateurs provisoires, salariés ayant reçu une délégation de pouvoir...). Pour être reconnue pénalement responsable, il faut avoir identifié

[483] Articles 131-37 à 131-39, Code pénal (France).

précisément l'organe ou le représentant, auteur des faits incriminés[484].

127. Enfin, l'infraction doit avoir été commise pour le compte de la personne morale. Cette condition, rappelle que l'infraction doit avoir été commise dans l'intérêt exclusif de la personne morale, et non pas celui de l'organe ou le représentant auteur des faits[485]. La personne morale n'est pénalement responsable que si les agissements fautifs peuvent être imputés à ses organes ou ses représentants qui sont nécessairement des personnes physiques[486]. Les personnes susceptibles d'engager la personne morale sont celles qui exercent certaines fonctions de direction ou d'administration, de gestion ou de contrôle. Il s'agit également de toute personne titulaire d'une délégation de pouvoirs, pourvue de la compétence, de l'autorité et des

---

[484] Cassation, Criminelle, 6 septembre 2016, n° 14-85.205, F-P+B

[485] Le texte de l'article 121-2 du Code pénal impose que l'infraction ait été commise par une personne physique, afin de rendre responsable la personne morale pour le compte de laquelle les faits ont été réalisés. L'implication d'une personne physique suppose une identification minimale de cette dernière. Toutefois, la Cour de cassation a admis, depuis 2006, « *qu'il n'était pas indispensable d'identifier la personne physique quand l'infraction ne pouvait qu'être imputable à la personne morale ou que résulter de la politique commerciale de la société* » (Crim. 20 juin 2006). Elle a ainsi créé une présomption de commission de l'infraction par un organe ou représentant.

Toutefois la Cour de cassation consciente « *du dévoiement légale s'opérant de son propre fait* », rappelle à l'occasion d'une QPC (non transmise pour absence de faits nouveaux), que « *la responsabilité pénale des personnes morales ne peut être engagée que du seul fait d'infractions commises, pour leur compte, par leurs organes ou représentants* » (Crim. 27 avr. 2011).

[486] Cassation, Criminelle, 18 janvier 2000

moyens nécessaires à l'exécution de sa mission (Crim. 30 mai 2000)[487].

128. C'est l'identification de l'organe ou le représentant de la personne morale qui matérialise l'existence de l'élément moral[488]. Il est caractérisé à l'égard d'une personne morale, en l'absence de toute volonté expresse, dès lors qu'une imprudence ou une négligence dans l'exercice de ses attributions peut lui être imputée[489].

129. Une appréciation extensive de cette notion de *« pour le compte »* permet ainsi d'engager la responsabilité de la personne morale non seulement pour des infractions volontaires à but non lucratif comme l'infraction de discrimination dans l'embauche (art. 225-1 et 225-2 Code pénal) mais aussi pour des infractions d'imprudence ou de négligence.

130. Ainsi, un centre hospitalier avait été poursuivi du chef de blessures involontaires en raison de la chute d'un nouveau-né de sa couveuse, à la suite de l'abaissement imprévu de la demi-barrière coulissante latérale. Le juge d'instruction a rendu une ordonnance de non-lieu à l'égard du centre hospitalier universitaire Morvan (CHU), personne morale mise en examen, aucune faute imputable à l'un de ses organes ou représentants n'ayant été établie, tant dans l'organisation du service que dans l'entretien de la couveuse.

---

[487] https://actu.dalloz-etudiant.fr/a-la-une/article/point-sur-la-responsabilite-penale-des-personnes-morales/h/051d2af9e957e9d7d0f7bb3240fd1376.html

[488] Clotaire MOULOUNGUI, L'élément moral dans la responsabilité pénale des personnes morales, Revue trimestrielle du droit commercial et du droit économique, 47 juillet-Septembre 1994.

[489] *Cass. Crim. 16 avril 2019, n° 18.84-073*

131. La famille interjette l'appel et est entendue au motif que *« de multiples facteurs révèlent des manquements au sein du centre hospitalier dans l'organisation des services et la mise en place de procédures de contrôle et d'alerte qui ont conduit à la survenance de l'accident ; [...] la décision de placer le nouveau-né dans cette couveuse et de lui appliquer le protocole "NIDCAP " était en l'espèce inadaptée ».*

132. Saisie du pourvoi, la chambre criminelle de la Cour de cassation casse et annule car *« en se prononçant ainsi, sans rechercher si les manquements relevés résultaient de l'abstention de l'un des organes ou représentants de la personne morale et s'ils avaient été commis pour le compte de celle-ci, la chambre de l'instruction n'a pas justifié sa décision »*[490].

133. Les sanctions applicables aux personnes morales sont en partie différentes de celles pouvant être infligées aux personnes physiques. En revanche, il n'existe que des différences minimes entre les sanctions des personnes morales de droit privé et celles des personnes morales de droit public.

134. Comme toutes les personnes morales, les sanctions des personnes publiques varient suivant la nature de l'infraction : contraventionnelle, délictuelle ou criminelle. La peine principalement encourue est l'amende (article 131-24 du code pénal), pouvant aller jusqu'à 1.000.000 euros en cas de crime pour lequel aucune peine d'amende n'est prévue par le Code pénal pour les personnes physiques (article 131-38 du code).

---

490 Cass. crim., 3 juin 2014, n° 13-81056, *FJH* n° 035, 2015, p. 179, disponible dans sa version numérique sur https://www.hopitalex.com/donnees-juridiques/doc/responsabilite-penale-personnes-morales.html?year=2024

135. En Côte d'Ivoire, lorsqu'une infraction est commise dans le cadre de l'activité d'une personne morale, la responsabilité pénale incombe à celui ou à ceux qui ont commis l'infraction. La responsabilité pénale du représentant légal ou statutaire de la personne morale en cause, n'est pas présumée et ne peut être recherchée qu'à raison des infractions personnellement commises par celui-ci. La responsabilité des personnes morales s'apparente ainsi à une responsabilité par ricochet.

136. La Cour de cassation énonce que la faute pénale de l'organe ou du représentant suffit à engager la responsabilité pénale de la personne morale, lorsqu'elle a été commise pour le compte de celle-ci, sans que doive être établie une faute distincte à la charge de ladite personne morale. Ainsi s'inspirant de cette jurisprudence, la doctrine a considéré que la responsabilité pénale de la personne morale est une responsabilité indirecte ou par *« ricochet »*[491] . Il s'en suit que faute d'être commise par un organe ou un représentant, l'infraction ne peut être réalisée pour le compte de la personne morale.

137. En effet, dans une affaire, un office du tourisme a été poursuivi du chef de discrimination raciale après qu'une salariée a rédigé des documents comportant une liste d'établissements dans lesquels l'accueil de clients ayant des noms à consonance maghrébine n'était pas souhaité. La décision de relaxe de la personne morale était fondée sur le fait que la salariée, non titulaire d'une délégation de pouvoirs, avait rédigé ces documents de sa propre initiative, sans en référer à sa hiérarchie. Le pourvoi a été rejeté aux motifs que *"l'infraction n'a pas été commise pour le compte*

---

[491] J – H. Robert, Droit pénal général, 6è éd., PUF, coll. « Thémis », 2005, P.376.

de l'office municipal de tourisme, par l'organe ou un représentant de celui-ci"[492].

138. En revanche comme le dit Jean Yves Maréchal *« si l'infraction est commise pour le compte de l'être moral, c'est nécessairement par un organe ou un représentant alors que les faits peuvent être commis par une personne qui a la qualité d'organe ou représentant sans que ce soit pour le compte de la personne morale mais seulement dans l'intérêt personnel de ce dernier »*[493].

139. La personne morale peut également être condamnée au paiement de tout ou partie des, frais et dépens envers l'État ainsi que des réparations civiles[494]. Il convient de préciser toutefois que la procédure pénale initiée contre une personne morale n'a pas pour effet de faire obstacle à celle envisageable contre les personnes physiques agents de celle-là.

140. De même la responsabilité pénale de la personne morale n'exclut pas celle des personnes physiques auteurs ou complices des mêmes faits. Ainsi, la relaxe définitive de la personne morale ne fait pas obstacle à la responsabilité pénale de ces mêmes personnes. Inversement, la relaxe des

---

[492] Cass. crim., 29 janv. 2008 : JurisData n° 2008-042903

[493] (Cass. crim., 20 juin 2006 : JurisData n° 2006-034397 ; Bull. crim. 2006, n° 188 ; D. 2007, p. 617, note J.-C. Saint-Pau ; JCP G 2006, II, 10199, note E. Dreyer ; Dr. pén. 2006, comm. 128, note M. Véron ; D. 2007, p. 1624, obs. C. Mascala ; Rev. sc. crim. 2006, p. 825, obs. Y. Mayaud ; Rev. sociétés 2006, p. 895, obs. B. Bouloc), la solution ayant été réaffirmée pour le délit de blessures involontaires en 2007 (Cass. crim., 26 juin 2007 : JurisData n° 2007-040305 ; Dr. pén. 2007, comm. 135, note M. Véron ; D. 2008, p. 1573, obs. C. Mascala). Vu en ligne sur, http://www.pierregenevier.eu/npdf2/JC-CP-121-2-15-12-9.pdf

[494] Article 99, Code pénal Ivoirien, op. cit.

personnes physiques n'exclut pas la responsabilité pénale des personnes morales.

141. En effet, cette possibilité de cumul existe pour éviter une complète absorption de la responsabilité pénale des personnes physiques par les personnes morales. Ce cumul des poursuites aurait mérité des précisions, mais le législateur a laissé le soin aux tribunaux de se déterminer selon les circonstances de l'espèce.

142. Ce cumul de responsabilité, appelle deux observations. La première a trait au maintien de la responsabilité pénale personnelle du préposé. Comme le dit le professeur François Rousseau « *contrairement au droit civil, le droit pénal ne confère aucune immunité au préposé, auteur d'une infraction, alors même qu'il aurait agi sans excéder les limites de sa mission. En effet, à partir du moment où la responsabilité du dirigeant repose sur la technique de la participation, elle suppose nécessairement l'accomplissement d'une infraction principale punissable par l'un de ses subordonnés. Cette commission de l'infraction par le préposé implique donc nécessairement sa responsabilité pénale à titre d'auteur principal* ***37****, sauf à démontrer l'existence d'une cause d'irresponsabilité pénale* »[495].

143. La deuxième observation renvoie à l'absence de cause d'irresponsabilité. Car le proposé qui agit sur instruction de sa direction ne bénéficie pas de fait justificatif fondé sur l'obéissance à l'autorité légitime ou l'ordre de la loi, l'ordre

---

[495] François ROUSSEAU, » *La répartition des responsabilités dans l'entreprise* », Doctrine, P.6.

du dirigeant n'ayant pas le caractère d'un événement irrésistible[496].

Conclusion de la section

144. Comme il vient d'être exposé ci-dessus, il est possible d'engager la responsabilité pénale des personnes morales de droit public ou privé à l'occasion des infractions commises par leurs organes ou représentants dans le cadre de leurs activités. Ainsi, le commettant répond désormais pénalement des fautes de ses préposés. C'est une avancée considérable dans le droit de la responsabilité pénale. Elle permet de renforcer l'efficacité de la répression et permettre une imputation plus juste des responsabilités.

145. Toutefois, il convient de noter que la mise en œuvre de la responsabilité de la personne morale n'a pas pour effet d'éteindre toute action contre les auteurs matériels, personnes physiques des faits constitutifs d'infraction pénale dans le cadre de l'activité de la personne morale.

146. De même, force est de reconnaître tant en France qu'en Côte d'Ivoire, que la reconnaissance la responsabilité pénale des personnes morales de droit public et de droit privé est clairement assortie d'une exception : l'exclusion de l'État du champ d'application de la responsabilité pénale des personnes morales.

---

[496] Cass. Crim. 6 oct. 1955 : JCP 1956, II, 9098 ; 18 juill. 1956 : Bull. n° 547.

§ 2. – Exception d'irresponsabilité de l'État

147. Le refus de la responsabilité pénale de l'État ressortait déjà depuis longtemps de la jurisprudence qui refusait dès 1848 d'opposer à l'État une sanction pénale même si elle admettait la possibilité de condamner l'État à des dommages et intérêts[497].

148. Aujourd'hui, c'est l'article 121-2 alinéa 1er du Code pénal qui consacre en France, la responsabilité pénale des personnes morales de droit public et de droit privé et énonce clairement l'exception de : l'exclusion de l'État du champ d'application de la responsabilité pénale des personnes morales. L'État est donc la seule personne morale à qui la loi accorde une immunité totale en l'excluant du domaine de la répression des personnes morales.

149. La justification à cette exception réside dans le fait que l'État étant le seul dépositaire du droit de punir, il ne peut s'infliger à lui-même des sanctions pénales. L'irresponsabilité pénale de l'État n'empêche pas pour autant la recherche de sa responsabilité, sur d'autres fondements (responsabilité contractuelle, délictuelle, quasi-délictuelle)

150. Mais cette irresponsabilité pénale de l'État suscite de plus en plus d'interrogations. En effet, à l'occasion d'une question écrite au Sénat monsieur M. Bernard PLASAIT attirait l'attention de Mme le garde des sceaux, ministre de la justice, sur l'opportunité de supprimer l'exclusion de l'État du champ de la responsabilité.

---

[497] Cass. crim. 11 août 1848.

151. Ainsi que l'a montré une étude du Conseil d'État de 1996, " *il ne semble pas que le principe de la séparation des autorités administratives et judiciaires interdise de mettre en cause devant le juge répressif la responsabilité pénale de l'État* ". Comme pour les autres personnes publiques, l'État est susceptible d'être condamné à des dommage-intérêts par les juridictions administratives, ses agents peuvent faire l'objet de condamnations pénales, même en cas de faute de service. Sous cet angle, la responsabilité pénale de l'État n'apparaît pas différente de celle des autres personnes publiques.

152. « *L'argument tiré de la souveraineté de l'État n'apparaît pas non plus décisif, dès lors que la responsabilité civile de l'État est déjà susceptible d'être mise en cause. Certes, de nombreux arguments plaident en défaveur d'une mise en cause de la responsabilité pénale de l'État.*

153. *Cependant, et conformément aux conclusions du groupe d'étude sur la responsabilité pénale des décideurs publics, présidé par M. Jean Massot, le souci d'égalité entre agents de l'État et des autres collectivités publiques doit prévaloir. Dès lors, il conviendrait de supprimer, à l'article 121-2 du code pénal, l'exclusion de l'État du principe de responsabilité pénale des personnes morales. Il lui demande donc de bien vouloir lui préciser ses intentions sur ce point* »[498].

154. Pour sa part, en indiquant en son article 97 que « *les personnes morales ne sont pénalement responsables que dans les cas prévus par une disposition spéciale de la loi* », le code pénal ivoirien semble clairement poser le principe

[498] Bernard PLASAIT, Responsabilité pénale de l'Etat, question écrite n°23478-11è législature, publiée au JO du Sénat du 16/03/2000, page 925.

de l'irresponsabilité pénale de l'État. A moins, que l'État ne soit pas une personne morale. A ce titre, comme toute personne morale, l'État devrait répondre pénalement des actes de ses organes ou représentants.

155. Car comme pour les autres personnes publiques, l'État est susceptible d'être condamné à des dommage-intérêts par les juridictions administratives, ses agents peuvent faire l'objet de condamnations pénales, même en cas de faute de service. Dès lors, la responsabilité pénale de l'État ne semble pas différente de celle des autres personnes publiques.

156. En ce sens, M. Bernard PLASAIT attirait l'attention de Mme le garde des sceaux, ministre de la justice, sur l'opportunité de supprimer l'exclusion de l'État du champ de la responsabilité[499]. Cependant, force est de reconnaître

---

[499] Question écrite n° 23478 de M. Bernard PLASAIT (Paris - RI) publiée dans le JO Sénat du 16/03/2000 - page 925 M. Bernard PLASAIT attire l'attention de Mme le garde des sceaux, ministre de la justice, sur l'opportunité de supprimer l'exclusion de l'Etat du champ de la responsabilité. Ainsi que l'a montré une étude du Conseil d'Etat de 1996, « *il ne semble pas que le principe de la séparation des autorités administratives et judiciaires interdise de mettre en cause devant le juge répressif la responsabilité pénale de l'Etat* ». Comme pour les autres personnes publiques, l'Etat est susceptible d'être condamné à des dommage-intérêts par les juridictions administratives, ses agents peuvent faire l'objet de condamnations pénales, même en cas de faute de service. Sous cet angle, la responsabilité pénale de l'Etat n'apparaît pas différente de celle des autres personnes publiques. L'argument tiré de la souveraineté de l'Etat n'apparaît pas non plus décisif, dès lors que la responsabilité civile de l'Etat est déjà susceptible d'être mise en cause. Certes, de nombreux arguments plaident en défaveur d'une mise en cause de la responsabilité pénale de l'Etat. Cependant, et conformément aux conclusions du groupe d'étude sur la responsabilité pénale des décideurs publics, présidé par M. Jean MASSOT, le souci d'égalité entre agents de l'Etat et des autres collectivités publiques doit

que l'irresponsabilité pénale de l'État ne semble pas remise en cause. En effet, l'exclusion de la responsabilité de l'État s'expliquerait également par le rôle confié à l'État dans l'exercice de la répression, la question habituellement posée étant : Comment concevoir que l'État se réprime pénalement lui-même ?

157. Monsieur Guérin affirme même qu'on ne voit pas comment un juge pourrait condamner l'État au nom du peuple français. Ce serait une atteinte aux principes de la continuité des institutions républicaines[500]. Pourtant, Monsieur Picard explique que, par le biais du Conseil d'État ou du Conseil constitutionnel, l'État s'auto sanctionne déjà[501].

158. En effet, *« sont exclues du domaine de compétence du juge répressif, les décisions des autorités administratives dans les matières réservées par nature à l'autorité judiciaire Or, l'exécution du service public de justice judiciaire fait partie de ces domaines, donc la justice pénale, comme la justice civile ne peut pas être rendue par le juge administratif sous peine d'enfreindre ouvertement le principe de séparation des pouvoirs »*[502].

---

prévaloir. Dès lors, il conviendrait de supprimer, à l'article 121-2 du code pénal, l'exclusion de l'Etat du principe de responsabilité pénale des personnes morales. Il lui demande donc de bien vouloir lui préciser ses intentions sur ce point.

500 Didier GUERIN, *L'introduction en droit français de la responsabilité des personnes morales*, Petites. Affiches, 11 Décembre 1996, n° 149, p.4.

501 E. PICARD, *La responsabilité pénale des personnes morales de droit public : fondements et champ d'application* (revue. Soc. 1993, P.261), in J.C. Planque, *La détermination de la personne morale Pénalement Responsable*, Collection, Logiques Juridiques, L'Harmattan

502 https://www.doc-du-juriste.com/droit-prive-et-contrat/droit-penal/etude-de-cas/responsabilite-penale-etat-447578.html

159. Enfin, est-il possible d'engager la responsabilité pénale de l'État devant la Cour de justice de la République ou encore devant la Haute Cour de justice ? « *La Cour de justice de la République est une juridiction chargée de juger les crimes et délits commis par les membres du gouvernement dans l'exercice de leurs fonctions. C'est la responsabilité pénale personnelle des membres du gouvernement qui peut être jugée devant cette Cour et non celle de l'État. Actuellement cette Cour ne peut pas statuer sur la responsabilité pénale de l'État* »[503]

Conclusion de la section

160. Au nombre des personnes morales, seul l'État n'est pas pénalement punissable. Cette impossibilité de mettre en jeu la responsabilité pénale de l'État semble résider dans l'argument tiré de la souveraineté. En effet, la souveraineté étant le principe de l'autorité suprême, aucune autre autorité ne saurait contraindre pénalement l'État qui en est l'incarnation à l'intérieur d'un territoire donné.

161. Ainsi, les fautes des agents de l'État à la différence de celles des agents des autres collectivités publiques ne peuvent engager sa responsabilité pénale. Même si cette exception paraît en l'état actuel fortement discutable, elle, ne semble pas remise en cause et l'État est la seule entité juridique à ne pas être passible de sanctions pénales.

---

[503] *Ibid.*

Conclusion du chapitre

162. Tout comme les personnes physiques, les personnes morales qu'elles soient de droit public ou privé engagent leurs responsabilités pénales à l'occasion de leurs activités. Ainsi, les établissements publics de santé et les établissements privés de santé peuvent faire l'objet de poursuites devant le juge répressif.

163. La seule démonstration qu'une infraction a été commise pour leur compte, par leurs organes ou représentants suffit à mettre en cause leur responsabilité pénale. Il n'est pas nécessaire que l'organe ou le représentant ait été personnellement déclaré coupable par le juge répressif. Seul, l'État ne peut faire l'objet de poursuite et de sanctions pénales.

Conclusion

164. L'étude des responsabilités mises en œuvre dans le cadre d'une action pénale, nous a permis de comprendre qu'à l'occasion d'une activité de télémédecine, les professionnels de la santé, personnes physiques engagent leur responsabilité pénale lorsque des infractions à la loi pénales sont reconnues à l'égard. Ces professionnels engagent leur responsabilité autant qu'ils agissent en qualité de libéraux ou à titre libéral à l'occasion d'une activité de télémédecine.

165. De part, sa position proche du malade et part le lien contractuel et directe qu'il entretien avec ce dernier, le médecin requérant semble être le principal responsable des fautes pénales qui peuvent être commises en cette circonstance. Mais de son côté, et ce malgré la distance qui le sépare d'avec le patient, le médecin requis peut engager sa responsabilité lorsqu'il est reconnu coupable d'une faute personnelle.

166. Nous avons également vu qu'à l'exception de l'État, les personnes morales peuvent être sanctionnées au plan pénal. En effet, s'il est établi qu'une infraction pénale a été commise pour leur compte, par leurs organes ou représentants et à l'occasion de leurs activités de télémédecine, ces personnes morales peuvent se voir déclarées responsables. La mise en jeu de cette responsabilité se fait indifféremment du statut public ou privé de l'établissement de santé.

167. De même, il importe peu que l'organe ou le représentant ait été personnellement reconnu coupable par le juge répressif. De plus, la responsabilité pénale de la personne morale n'exclut pas celle des personnes physiques ayant accompli l'acte matériel. Tout comme la responsabilité de ces dernières ne saurait exclure celle des premières.

168. Enfin, la relaxe de la personne morale ne fait pas obstacle à la responsabilité pénale de ces mêmes personnes et vice versa. Au total, comme, il a été précédemment exposé, la responsabilité pénale des acteurs de télémédecine peut être retenue aussi bien à l'occasion des actes de soins que des traitements des données médicales du patient. A quelques nuances près, la solution sera toujours la même en Côte d'Ivoire qu'en France.

169. Dans tous les cas l'action en responsabilité pénale relève de la compétence du ministère public qui peut décider ou non de poursuivre les faits portés à sa connaissance. Et même quand l'action publique est mise en mouvement par une plainte de la victime avec constitution de partie civile, la victime ne peut exiger et obtenir la condamnation pénale de l'auteur de l'infraction. Sa plainte lui permet seule, d'avoir réparation devant la juridiction répressive. Que dire des responsabilités engagées dans le cadre d'une action en réparation ?

Index alphabétique

Table des matières

Table des matières

À propos des auteurs

Clotaire MOULOUNGUI

Plusieurs fois président du jury du bac (dans l'académie de Lille) ; correcteur-examinateur au concours national des inspecteurs du travail ; membre du jury des cadres de santé paramédicaux (Nord Pas-de-Calais) ; membre de celui des rédacteurs territoriaux (Indre et Loir) ; et enfin membre de la Commission nationale de sélection des (futurs) maîtres de conférences.

Son nom a aussi figuré comme membre du Bureau des l'Assemblée des Chefs des Départements de Gestion des Entreprises et des Administrations (GEA). Il se trouve qu'il aura dirigé une telle structure, ainsi qu'une licence professionnelle Métiers de la Comptabilité et du Social, option Paie.

Ajoutons qu'il a le rare privilège d'être le seul juriste de France à être titulaire de deux doctorats en droit nouveau régime ; l'un de l'Université de Tours (1993), en droit des affaires et des contrats ; l'autre de l'Université de Nantes (2023), en droit social (droit du travail et droit de la sécurité sociale). Et il figure parmi les rares juristes en outre qualifiés en comptabilité et en gestion.

Par ailleurs, le Conseil National des Universités (CNU 01) aura bien voulu lui offrir une promotion au regard de l'immensité de mon œuvre éditoriale, laquelle est destinée tantôt à des spécialistes, tantôt à des profanes.

Il dirige la Revue GestEcoDroit (ISSN 3096-8143), de même que la Revue Gestion Juridique des RH (ISSN 3096-8152).

Komlan ALEMAWO

Komlan ALEMAWO, de nationalité togolaise, est né le 22 janvier 1974. Il a obtenu son doctorat en droit privé en 2009. Nommé assistant à la Faculté de droit et des sciences politiques de l'Université de Kara en 2010, il accéda au grade de Maître assistant en 2012 puis devient maître de conférences agrégé depuis 2017.

Sur le plan administratif, il est actuellement doyen de la Faculté de droit et des sciences politiques de l'Université de Kara (depuis 2020). En rappel, il a été chef du service des examens (2013 à 2016) ; chef du Département de droit privé et directeur adjoint de la direction du domaine universitaire (2017 à 2019).

Sur le plan bibliographique, il peut notamment être cité les travaux suivants :

- « L'exécution du contrat de bail à usage professionnel par le preneur à l'épreuve de la covid 19 », Lexbase Afrique-OHADA, n° 68 du 20 juillet 2023, 20p. (Coproduction).
- « L'expertise dans l'arbitrage maritime », Les mercuriales – Revue togolaise de droit des affaires et d'arbitrage, n° 16, avril 2022, 16p.
- Saisir l'opération de gestion en droit des sociétés commerciales de l'OHADA, Lexbase Afrique-OHADA, n° 58, 15 septembre 2022, pp 67 à 84 (Coproduction).
- « La décentralisation et la fiscalité locale, une course à l'inventivité ? », in Décentralisation et fiscalité locale, L'Harmattan, 2023, pp. 39 à 66.

- « À la recherche de la pertinence d'une imprescriptibilité en droit pénal », 2017, Les mercuriales – Revue togolaise de droit des affaires et d'arbitrage, n° 16, juin 2017, pp. 5 à 34.
- « La fragilisation de la propriété commerciale dans l'Acte uniforme portant sur le droit commercial général », 2015, Revue de la Faculté de droit de l'Université de Liège, n° 2,

septembre 2015, ISSN 0778 – 1695, pp. 365 à 388.

- « La gradation des dettes », 2015, Revue togolaise des sciences juridiques, 2015, n° 7, ISSN 2221-4445, pp. 28 à 46.
- « La religion du contractant », 2013, Revue béninoise des sciences juridiques et administratives, 2013, n° 29, ISSN 1840 – 5169, pp. 95 à 129.
- « Le Registre du commerce et du crédit mobilier », 2011, contribution à l'Encyclopédie du droit OHADA, sous la direction du Professeur Paul-Gérard POUGOUE, Lamy, 2012, ISBN 978-9919-868-8-3, pp. 1510 à 1545 (NB : identité de l'auteur erronée dans l'ouvrage. Au lieu de ALEMAWO Komi, Assistant à l'Université de Lomé, il s'agit de ALEMAWO Komlan, Assistant à l'Université de Kara).
- « La condition du nu-propriétaire de droits sociaux », 2011, Revue congolaise de droit et des affaires, n° 7 (Janvier-Février-Mars 2012), L'Harmattan, ISBN 978–2–296–55895–3, pp. 49 à 77.
- « La subjectivation du devoir de mise en garde du banquier », 2011, Revue congolaise de droit et des affaires, n° 5 (Janvier-Février-Mars 2011), L'Harmattan, ISBN 978–2–296–54298–3, pp. 55 à 92 ; Annales de l'Université de

Ouagadougou, Série B, Vol. 003, Presses universitaires de Ouagadougou, décembre 2011, ISBN 978–2–915071–34–9, pp. 27 à 79.

- Liberté contractuelle dans le bail commercial de l'AUDCG, Thèse de doctorat unique, Université de Lomé, août 2009, ouvrage non publié, 448 pages.

- Exploitation agricole et protection de l'environnement, 2005, Publication du CERDIA, Collection « CHACUN POUR TOUS », 2005, Tome X, UC ISBN 2–8027 1942–10, 148 pages.

Kouassi Efrahime N'GUESSAN

Efrahime N'GUESSAN, est un docteur en droit privé et sciences criminelles spécialisé dans les questions liées aux technologies de l'information et de la communication. Titulaire d'un doctorat obtenu le 14 février 2020 à l'Université d'Artois, il est reconnu pour ses recherches approfondies à l'intersection du droit des obligations, du droit des affaires et de la responsabilité, en particulier dans le contexte de l'utilisation croissante des outils numériques. Il est également titulaire d'un DU de pédagogie universitaire de l'Université de Lille (2023) et d'un DIU de télémédecine de l'Université catholique de Lille (2019).

Les travaux d'Efrahime N'GUESSAN se concentrent sur le droit de la responsabilité dans les systèmes économiques modernes qui reposent sur l'intégration des technologies numériques. Sa thèse de doctorat, qui a porté en grande partie sur les interactions entre le droit, l'Université et le monde médical, a été une analyse novatrice des défis juridiques soulevés par la télémédecine et les systèmes de santé numériques.

Au-delà de ses recherches, Efrahime N'GUESSAN a publié plusieurs articles scientifiques, notamment dans les domaines du droit des affaires, du droit des obligations, du droit du travail, et des questions juridiques relatives à la télémédecine. Sa perspective unique, nourrie par une connaissance approfondie des enjeux numériques, se caractérise par un dialogue constant entre la théorie juridique et la pratique numérique.

Actuellement, ses travaux se tournent vers l'exploration des relations entre la recherche académique et le monde extra-académique, notamment dans le cadre de la collaboration entre le secteur public, les entreprises et les institutions universitaires. Son objectif est d'étendre ses réflexions sur la manière dont le droit peut accompagner et réguler l'intégration des nouvelles technologies dans le monde de l'entreprise et des institutions.

En tant qu'enseignant, Efrahime N'GUESSAN est un juriste résolument généraliste, capable de transmettre une vision multidimensionnelle du droit à ses étudiants. Il est reconnu pour sa capacité à relier les aspects théoriques et pratiques du droit, particulièrement dans le contexte des évolutions technologiques rapides et des défis qu'elles posent au système juridique.

Au-delà de ses recherches, Efrahime N'GUESSAN est résolument engagé dans la promotion de la télémédecine comme moyen d'amélioration de l'organisation de l'offre de soins et un instrument d'équité et de justice sociale pour une meilleure démocratie sanitaire face aux déserts médicaux et l'inadéquation du ratio médecins/patients.

Pour ce faire, Efrahime N'GUESSAN est depuis 2010 acteur engagé de l'ONG WAKE UP AFRICA qui œuvre à la promotion de la télémédecine en Côte d'Ivoire et en Afrique à travers la réalisation de projets de télémédecine. Également, depuis 2018, il est le responsable du département « Éthique, Juridique, Économie – Sociologique » de la Société Ivoirienne de Télémédecine où, il est impliqué dans la formation-action sur le cadre juridique d'exercice professionnel et les risques juridiques en Télémédecine.

Page finale de l'ouvrage

www.ingramcontent.com/pod-product-compliance
Lightning Source LLC
LaVergne TN
LVHW082216051026
849532LV00012B/3789

* 9 7 8 2 4 8 7 7 4 0 4 0 2 *